Kann denn Süßes Sünde sein?

Wir danken allen, die dazu beigetragen haben, dieses Buch entstehen zu lassen:

Hartmut Kiesewetter, Kathrin Kiesewetter, Caroline Kiesewetter, Annegret Grotmack, Frauke und Friedel Köster, Susanne Pardigon, Silvia und Wolf Schinn, Maria Siemes, Esther und Christian Siemes, Souâd Amrani, Wahabi Nouri, Habiba Amrani, Bärbel und Karl-Heinz Firneis, Katharina und Armin Heldt, Liselotte Heldt, Olaf Borchardt, Ursula Claus, Susanne Schlüter, Stephanie Momsen, Petra Jung, Berit Wilkens, Henriette und Ralf Wilkens, Wiebke und Eggert Wilkens, Gudrun Teuteberg-Tammling, Tim Kock, Leyla Kopsch, Christel Krohn, Britta und Robert Steinbrück, Marcus Steinhusen, Jürgen Sachs.

BOYENS
BUCHVERLAG

ISBN 978-3-8042-1271-8

4. Auflage 2013

© 2009 by Boyens Medien GmbH & Co. KG, Heide
Alle Rechte vorbehalten
Autorin: Marion Kiesewetter
Redaktion: Marion Kiesewetter
Fotos: Ursula Sonnenberg, Hans Dieter Kellner
Promotion: Hartmut Kiesewetter
Herstellung: Boyens Buchverlag
Herstellungsbetreuung: Tanja Sponholz
Druck und Bindung: Kösel, Krugzell
Printed in Germany

Marion Kiesewetter

Kann denn Süßes Sünde sein?

Noch mehr leckere Rezepte aus norddeutschen Cafés

Fotos von Ursula Sonnenberg
und Hans Dieter Kellner

BOYENS

Lage der Cafés

Flensburg

Landcafé Bocksrüde
Winnemark

Schleswig

Kunst-Café
Fleckeby

Kaffeehaus Heldt
Eckernförde

Burg

Husum

Galerie Café „Schweizer Haus"
Tating

Friedrichstädter Kaffee Kontor
Friedrichstadt

Rendsburg

Kiel

Antik-Café
„Altes Doktorhaus"
Lensahn

Kanal-Café
Osterrönfeld/Rendsburg

Koog Café
Wesselburenerkoog

Plön

Eutin

Heide

Café Prinzeninsel
Prinzeninsel/Plön

Neumünster

Itzehoe

Café Steinhusen

Lübeck

Bad Oldesloe

Elmshorn

Ratzeburg

Café
„Fleur de piment"
Hamburg

Inhalt

Liebe Leserinnen, liebe Leser,

was gibt es Schöneres, als einen entspannten Nachmittag in einem schönen Café und ein leckeres Stück Kuchen oder Torte vor sich? Und was gibt es Spannenderes, als die fantastischen Rezepte eben dieser Cafés zu Hause nachbacken zu können und seine Gäste mit besonderen Kreationen zu überraschen?

Nach dem großen Erfolg des ersten Buches „Eine Sünde wert" möchte ich Ihnen in diesem Band weitere Rezepte aus norddeutschen Cafés vorstellen, vom gemütlichen Hofcafé über das historische Café bis hin zum marokkanischen Café.

Auf meiner Tour begleiteten mich wieder die Hamburger Fotografen Ursula Sonnenberg und Hans Dieter Kellner, deren stimmungsvolle Fotos dieses Buch auf wunderbare Weise abrunden.

Erleben Sie selbst die Cafés und deren Rezepte auf Ihrer Entdeckungsreise durch unser schönes Land.

Ihre
Marion Kiesewetter

Antik-Café „Altes Doktorhaus"

Altes Doktorhaus

Bei vielen Zuckermäulern fängt die Café-Rundreise durch Schleswig-Holstein beim „Alten Doktorhaus" in Lensahn an. Es liegt ganz oben an der Hamburg-Fehmarner Autobahn, Abfahrt Lensahn. Es liegt in einem wunderschönen Erholungsgebiet nahe des Bungsbergs, dem höchsten Berg Schleswig-Holsteins. Sie werden es schon erraten haben: Hier praktizierte früher der Arzt des Ortes. Der Großher-

Haustür des Antik-Cafés „Altes Doktorhaus".

Die Kombination aus Café und Antiquitätenverkauf ist sehr gelungen. Man kann sich in eigens dafür eingerichteten Räumen in aller Ruhe umschauen.

zog von Oldenburg ließ das großzügige Haus 1790 errichten, um einen Arzt anzulocken, denn er fühlte sich für die medizinische Versorgung seiner Untertanen verantwortlich. Bis 1930 wohnte und praktizierte hier auch immer ein Arzt.

Auf der Suche nach einem geeigneten Haus für ihre „berufliche Umorientierung" fanden Wolf und Silvia Schinn dieses schöne Backsteinhaus. Sie hatten – als Liebhaber „alter Dinge" – ein restaurierungswürdiges Gebäude gesucht, das sich gleichermaßen als Café und Antiquitätenverkaufsstätte eignete. Für beides ist das Alte Doktorhaus wie geschaffen, und dazu kommt noch die traumhafte Lage inmitten dörflicher Idylle.

Das war vor zehn Jahren. Wolf Schinn war bis dahin Programmierer in der EDV-Branche gewesen, war viel unterwegs und sah seine Frau nur am Wochenende. Silvia war Zahntechnikerin und Hausfrau. Er liebte alte Dinge und alte Häuser, und sie konnte gut backen und liebte das Kochen. Nach langem Überlegen entstand die Idee, ein Café mit einem Antiquitätengeschäft zu kombinieren. Mit dem Alten Doktorhaus konnte diese Idee verwirklicht werden. Und sie funktionierte, funktioniert bis heute.

40 Sitzplätze hat das Café, in dem man sich so richtig wohl fühlen kann. Es ist vom Besitzerehepaar selbst wunderschön mit viel Liebe restauriert und dekoriert worden. Im Sommerhalbjahr kann man auch auf der Terrasse draußen sitzen. Frau Schinn backt alles selbst, und es gibt in diesem Betrieb keinen Angestellten. Man wird also von Wolf und Silvia persönlich betreut, und das ist wohl auch das Erfolgsgeheimnis. Auch Gesellschaften werden hier aufs Beste verwöhnt und kommen immer wieder wie zum Beispiel ehemalige Schüler zum Klassentreffen.

An die 50 verschiedene Torten und Kuchen hat Silvia im Laufe der Jahre entwickelt, nein, man muss schon sagen komponiert: unvergleichliche Kreationen, wobei die Baiser-Torten die Favoriten sind.

Im herrlichen Ambiente lässt es sich so richtig genießen.

Eine Erweiterung des Cafés ist der sonnendurchflutete Wintergarten, der sich wunderbar für einen etwas größeren Kaffeeklatsch anbietet.

Parallel zum Café läuft das Geschäft mit den Antiquitäten, oder besser gesagt: mit schönen Dingen. Wolf hat dafür den Slogan geprägt: „Antikes, Altes, Schönes", denn es sind auch schöne neue Sachen dabei, aber eben besondere. Lassen Sie sich von den schönen und süßen Sachen durch Wolf und Silvia verführen, denn sie tun es auf eine besonders herzliche Weise, so dass ein lange bleibender, ganz unvergesslicher Eindruck anhält.

*Schoko-Baiser-
Torte*

Schoko-Baiser-Torte

MIT FRISCHKÄSE UND MANDARINEN

RÜHRTEIG:

4 Eigelb
125 g Zucker
1 Pck. Vanillezucker
125 g Margarine
150 g Mehl
2 TL Backpulver
2 EL Kakao

BAISER:

4 Eiweiß
180 g Zucker

Mandelblättchen

FÜLLUNG:

150 g Frischkäse
1 EL Aprikosenmarmelade
2 D. Mandarinen (à 175 g Abtropfgewicht)
500 ml Schlagsahne
3 Pck. Sahnesteif
1 Pck. Vanillezucker

Aus den Teigzutaten einen Rührteig herstellen. Den Teig halbieren und auf zwei mit Backpapier ausgelegte 28-cm-Springformen verteilen.

Für die Baisermasse Eiweiß und Zucker sehr steif schlagen. Die Masse teilen und jeweils auf den Rührteig streichen. Mit Mandelblättchen bestreuen und bei 160 °C Umluft ca. 30 Minuten backen.

Einen von den ausgekühlten Böden umgedreht (Baisermasse nach unten) auf eine Tortenplatte legen. Den zweiten Boden mit einem Sägemesser in die gewünschte Stückzahl schneiden. Für die Füllung den Frischkäse mit der Marmelade glatt rühren und die gut abgetropften Mandarinen unterheben. Sahne mit Sahnesteif und Vanillezucker steif schlagen. Die Frischkäsemasse unter die Sahne heben, auf den unteren Boden streichen und die Segmente vom oberen Boden mit einem Tortenheber auflegen.

Schokoladenkaffee

1 BECHER

100 ml Milch und 1 EL gesüßtes Schokoladenpulver erhitzen. Den Becher zur Hälfte damit füllen. Mit heißem Kaffee auffüllen und eine Sahnehaube daraufsetzen. Mit Kakao oder Schokoladenstreusel bestreuen.

Brownies

140 g Butter
4 Eier
340 g brauner Rohrzucker
1 TL Vanillearoma
75 g Kakaopulver
140 g Mehl
100 g Schokoladenplättchen
Fett für die Form

Alle Zutaten mit einem Kochlöffel zu einem glatten Teig verrühren. Den Teig in eine gefettete Auflaufform füllen und bei 170 °C Umluft 35–40 Minuten backen.
Nach Geschmack mit Puderzucker bestäuben.

Mohn-Marzipan-Torte

MIT PREISELBEEREN

TEIG:
3 Eier
3 EL kaltes Wasser
250 g Zucker
200 g Mehl
200 g Mohn
1 TL Backpulver

FÜLLUNG:
1 Glas Preiselbeeren (450 g)
3 Becher Schlagsahne (à 200 ml)
3 Pck. Sahnesteif
200 g Marzipan-Rohmasse
4 geh. EL Puderzucker

Eier trennen. Eiweiß mit Wasser und Zucker steif schlagen. Eigelb vorsichtig unterrühren. Mehl, Mohn und Backpulver mischen und unter die Ei-Zucker-Masse heben. Teig in eine 28-cm-Springform füllen und bei 150 °C Umluft 30 Minuten backen. Den ausgekühlten Boden zweimal quer durchschneiden.
2 Becher Sahne mit 2 Sahnesteif steif schlagen und die Preiselbeeren (bis auf eine kleine Menge zum Dekorieren) unterheben. Die Hälfte der Füllung auf dem untersten Boden verteilen, die zweite Hälfte auf den zweiten Boden streichen und auf den untersten Boden legen. Mit dem dritten Boden, dem Deckel, abdecken. Restliche Sahne mit Sahnesteif steif schlagen (etwas für die Verzierung in einen Spritzbeutel füllen) und die Torte damit einstreichen.
Marzipan mit Puderzucker verkneten und ausrollen. Marzipandecke auf die Torte legen. Mit Sahne und Preiselbeeren verzieren.

Klingelberger Apfeltorte

BODEN:
200 g Mehl
100 g Zucker
1 Ei
100 g Butter
1 TL Backpulver
Fett für die Form

BELAG:
1 kg säuerliche Äpfel
2 Pck. Vanillepuddingpulver
750 ml trüber Apfelsaft
200 g Zucker
2 Becher Schlagsahne (à 200 ml)
Zimt und Zucker

Aus den Teigzutaten einen Teig herstellen und auf dem Boden einer gefetteten 26-cm-Springform verteilen. Den Teig bis an den Rand der Form hochziehen.

Äpfel schälen und raspeln. Die geraspelte Menge sollte ca. 800–900 g ergeben.

Puddingpulver mit etwas Apfelsaft verrühren, den restlichen Saft mit Zucker aufkochen. Angerührtes Puddingpulver dazugeben, kurz aufkochen und etwas abkühlen lassen. Geraspelte Äpfel vorsichtig unterheben, etwas abkühlen lassen und auf dem Boden verteilen. Im vorgeheizten Backofen bei 175–200 °C 60 Minuten backen, danach gut auskühlen lassen und eine Nacht in den Kühlschrank stellen.

Am nächsten Tag geschlagene Sahne auf den Kuchen geben und mit Zucker und Zimt bestreuen.

Waffeln

4 Eier
200 g Margarine
160 g Zucker
1 Pck. Vanillezucker
300 g Mehl (auch Vollkorn- od. Dinkelmehl)
½ Pck. Backpulver
120 ml kochendes Wasser

Alle Zutaten mit dem Mixer verrühren (bei Vollkorn- od. Dinkelmehl 150 ml kochendes Wasser) und im Waffeleisen backen.

Belag nach Geschmack: heiße Kirschen, Eis, Sahne oder einfach etwas Puderzucker.

Landcafé Bocksrüde

![Auf der Sonnenterrasse]

Auf der Sonnenterrasse genießt man nicht nur die große Auswahl an selbst gebackenen Kuchen und Torten, sondern auch den wunderschönen Ausblick in die Natur.

In Höhe des Ostseebades Damp – nahe der Schlei – findet man das Landcafé Bocksrüde. Seinen persönlichen Touch erhält dieses Café unzweifelhaft durch die Konditorin Maria Sie-

Der Liebling aller Kinder ist das Pony Mäxchen aus dem Streichelzoo.

mes, deren Schwiegervater aus Mönchengladbach 1969 diesen Hof kaufte.

„Rüde ist dänisch und heißt auf deutsch roden, also: dort wo der Bock wohnte, wurde gerodet, und es entstand vor Jahrhunderten das Gut Staun", erzählt temperamentvoll Maria Siemes, „dessen Besitzerin Cäcilie Lammers 1797 für ihren Schwager Johann Friedrich Lammers eben diesen 46-Hektar-Hof abtrennte. Viehhaltung und Ackerbau wurden hier immer durch all die Jahre betrieben, auch noch durch unsere Familie, doch die Ferienwohnungen sowie das Café ergänzten im Laufe der Jahre langsam die Landwirtschaft."

Im schönen Haupthaus wohnt der neue Besitzer, Sohn Christian Siemes, mit seiner Ehefrau Esther, während Maria und ihr Mann in dem Neubau neben der Einfahrt wohnen. Die schö-

nen und geräumigen Ferienwohnungen befinden sich auf dem ehemaligen Boden des Stallgebäudes rechter Hand, und das Café ist im Parterre. Es ist sehr attraktiv und gemütlich mit seiner Terrasse, von der man in die traumhafte Schleilandschaft schaut, direkt auf eine große Blumenwiese. Maria ist eine Blumennärrin und hat diese Wiese mit hunderten von Blumenarten für ihre Gäste angelegt, damit sie sich Sträuße nach ihrem Geschmack pflücken können. Für Kinder wird es hier auch nie langweilig, so gibt es eine Strohspielscheune, und das neu angeschaffte Trampolin, die Pedalgokarts und die Ponys sorgen für ausgiebigen Zeitvertreib. Außerdem gibt es Hunde, Minischweine, Hühner, Enten und Kaninchen. Sie laufen alle frei auf

Abendstimmung in Winnemark an der Schlei.

Die selbst gemachten Marmeladen sind weit über die Grenzen Schwansens hinaus bekannt und im Café zu erwerben.

dem ganzen Hof herum und sorgen für eine romantische und ländliche Atmosphäre.

Maria Siemes ist sehr vielseitig begabt. Als gelernte Hauswirtschaftsmeisterin hat sie schon viele Lehrlinge ausgebildet, ist also vom Fach. Ihre selbst gezauberten Torten kann man nicht oft genug erwähnen, ebenso ihre selbst gebackenen Brote. Weiterhin sind ihre Gelees, Marmeladen und Liköre weit über die Grenzen Schwansens hinaus berühmt, wie sich diese schöne Gegend nennt.

Auch Sohn Christian ist ein begnadeter Koch und Konditor, der neben den süßen Attraktionen auch herzhafte Speisen von Mittag bis in die späten Abendstunden anbietet.

Geben Sie nicht auf, wenn Sie das Landcafé Bocksrüde nicht auf Anhieb finden, denn es liegt sehr versteckt, und es wäre doch schade, wenn Sie eine derartige Fülle von einmaligen Angeboten versäumen würden: die sehr gemütlich mit Liebe eingerichteten Appartements und die mit großem Können bereiteten Kuchen und Speiseangebote. Hier empfängt Sie eine sehr gastfreundliche Familie, um Ihnen Ihren Urlaub oder Aufenthalt auf dem Lande zu verschönern.

Tortenbuffet

Kürbistorte

BISKUIT:
160 g Zucker
1 Pck. Vanillezucker
6 Eier
40 g Speisestärke
140 g Mehl
Fett für die Form

FÜLLUNG:
500 g Kürbis, weich gedünstet
150 g Zucker
20 g Vanillezucker
200 g Magerjoghurt
Saft von 1 Zitrone
4 cl Rosenlikör
10 Blatt Gelatine
500 ml Schlagsahne, geschlagen
½ Glas Kürbis-Apfelmarmelade
Schokostreusel für die Dekoration

Für den Teig Zucker, Vanillezucker und Eier schaumig schlagen. Speisestärke und Mehl miteinander vermischen, durchsieben und unter den Eischaum heben. Den Teig in eine gefettete 28-cm-Springform füllen und im Backofen bei 170 °C 35 Minuten backen. Boden gut auskühlen lassen und zweimal quer durchschneiden.
Die weich gedünsteten Kürbiswürfel mit dem Stabmixer pürieren. Nach Erkalten mit Zucker, Vanillezucker, Magerjoghurt, Zitronensaft und Rosenlikör schaumig rühren. Gelatine nach Packungsanweisung einweichen, auflösen und mit der Kürbismasse verrühren. Nach dem Gelieren die steif geschlagene Sahne unterheben.
Auf den unteren Boden ein ½ Glas Kürbis-Apfelmarmelade verstreichen, mit einem Tortenring umlegen und ⅓ der Sahnemasse daraufgeben. Zweiten Boden auflegen und ⅓ der Masse darauf verstreichen. Mit dem dritten Boden,

dem Deckel, abdecken. Die Torte mit der restlichen Masse einstreichen. Den Rand mit Schokostreusel bestreuen. Sahnetupfer auf die Torte spritzen und mit Marmelade und Rosenblättern verzieren.

Jägertorte

BODEN:
4 Eier
140 g Zucker
70 g Mehl
6 g Backpulver
50 g Raspelschokolade
150 g gem. Haselnüsse

FÜLLUNG:
1 Dose Stachelbeeren
(470 g Abtropfgewicht)
140 g Zucker
20 g Vanillezucker
9 Blatt Gelatine
500 ml Schlagsahne

200 g Marzipan
100 g Kuvertüre
200 ml Schlagsahne

Eier und Zucker schaumig schlagen. Mehl, Backpulver, Raspelschokolade und Haselnüsse mischen und unterheben. Teig in eine mit Backpapier ausgelegte 28-cm-Springform geben und im vorgeheizten Backofen bei 170 °C 30 Minuten backen. Gut auskühlen lassen und zweimal quer durchschneiden.

Stachelbeeren abgießen, den Saft auffangen und mit Zucker und Vanillezucker verrühren. Gelatine nach Packungsanweisung einweichen, auflösen und mit dem Saft vermischen. Wenn der Saft geliert, 500 ml geschlagene Sahne und Stachelbeeren unterheben. Masse auf zwei Böden verteilen, übereinander legen und den dritten Boden als Deckel auflegen.

Torte über Nacht festwerden lassen.

Marzipan in der Größe der Springform mit dem Springformrand ausstechen und mit der im Wasserbad aufgelösten Kuvertüre bestreichen. Sofort in 12 Tortenstücke schneiden, bevor die Kuvertüre hart wird.

200 ml Sahne steif schlagen, auf den obersten Boden große Sahnetupfer spritzen und die Marzipanstücke schräg dagegenstellen.

 *Landcafé Bocksrüde*

Schokokuss-Torte

MIT MANDARINEN

BISKUIT:
160 g Zucker
1 Pck. Vanillezucker
6 Eier
40 g Speisestärke
140 g Mehl
Fett für die Form

FÜLLUNG:
2 D. Mandarinen (à 175 g Abtropfgewicht)
12 Schokoküsse
500 g Magerquark

25 g Zucker
500 ml Schlagsahne
3 Pck. Sahnesteif
Zitronenmelisse für die Dekoration

Zucker, Vanillezucker und Eier schaumig schlagen. Speisestärke und Mehl mischen, sieben und unter den Eischaum heben. Teig in eine gefettete 28-cm-Springform geben und im vorgeheizten Backofen bei 170 °C ca. 35 Minuten backen. Gut auskühlen lassen und zweimal quer durchschneiden.

Mandarinen gut abtropfen lassen und 12 Mandarinenspalten zurücklassen, die restlichen auf dem untersten Boden verteilen.

Die Waffeln der Schokoküsse abtrennen und für die Dekoration beiseite legen.

Quark mit dem Zucker glattrühren, die Schaummasse der Schokoküsse dazugeben und weiterrühren, sodass eine homogene Masse entsteht.

Sahne mit Sahnesteif steif schlagen und unter die Schaummasse heben.

Tortenring um den unteren Boden legen. ⅓ der Masse auf den Mandarinen verteilen. Zweiten Boden darauflegen und wieder ⅓ der Masse daraufstreichen. Zuletzt den Deckel auflegen. Tortenring entfernen. Mit der restlichen Masse die Torte einstreichen. Die Waffeln halbieren und schräg auf 12 Sahnetupfer setzen. Mit Mandarinenspalten und Zitronenmelisse garnieren.

Kirsch-Mascarpone-Torte

BISKUIT:
160 g Zucker
1 Pck. Vanillezucker
6 Eier
140 g Mehl
40 g Speisestärke
Fett für die Form

FÜLLUNG:
500 g Mascarpone
300 g Saure Sahne/Joghurt
70 g Zucker
20 g Vanillezucker

4 cl Amaretto
6 Blatt Gelatine
300 g Schlagsahne, geschlagen
1 Glas Sauerkirschen (680 g Füllmenge)
2 Pck. Tortenguss
30 g Zucker
½ TL Zimt
Geröstete Mandelblättchen für die Verzierung

Für den Teig Zucker, Vanillezucker und Eier schaumig schlagen. Mehl und Speisestärke miteinander vermischen, sieben und langsam unter den Eischaum heben. Den Teig in eine gefettete 28-cm-Springform füllen und im vorgeheizten Backofen bei 170 °C ca. 35 Minuten backen. Den Boden gut auskühlen lassen und zweimal quer durchschneiden.

Für die Füllung Mascarpone, Saure Sahne, Zucker, Vanillezucker und Amaretto glattrühren. Gelatine nach Packungsanweisung einweichen, bei schwacher Hitze im Topf auflösen und ¼ der Mascarponemasse einrühren. Anschließend die Gelatinemischung unter die Mascarponemasse rühren. Wenn die Masse anfängt dicklich zu werden, die geschlagene Sahne unterheben.

Kirschen abgießen, den Saft auffangen und mit Tortenguss, Zucker und Zimt nach Anleitung binden. Kirschen unterheben.

Für den Tortenaufbau die gebundenen Kirschen auf den unteren Boden geben (12 Stück für die Verzierung beiseite legen). Tortenring um den Boden legen und ¼ der Mascarponemasse auf den Kirschen verstreichen. Zweiten Boden auflegen, 1 EL Mandelblättchen darauf verteilen und wieder ¼ der Masse daraufstreichen. Dritten Boden auflegen und mit dem Rest der Mascarponecreme die Torte oben und rundherum gleichmäßig einstreichen, etwas für die Verzierung zurücklassen. Den Rand der Torte mit Mandelblättchen zieren und die 12 Kirschen mit der zurückbehaltenen Masse auf der Torte dekorieren.

Erdbeer-Meistertorte

BISKUIT:
160 g Zucker
1 Pck. Vanillezucker
6 Eier
40 g Speisestärke
140 g Mehl
Fett für die Form

FÜLLUNG:
700 g frische Erdbeeren, geputzt und halbiert
150 g Zucker
1 EL Zitronensaft
1 Pck. Vanillezucker
500 g Speisequark
10 Blatt Gelatine
500 ml Schlagsahne
Mandelblättchen und einige ganze Erdbeeren
für die Dekoration

Für den Teig Zucker, Vanillezucker und Eier schaumig schlagen. Speisestärke und Mehl miteinander vermischen, durchsieben und unter den Eischaum heben. Den Teig in eine gefettete 28-cm-Springform füllen und im vorgeheizten Backofen bei 170 °C ca. 35 Minuten backen. Boden gut abkühlen lassen und zweimal quer durchschneiden.

500 g Erdbeeren mit Zucker, Zitronensaft, Vanillezucker und Quark pürieren. Gelatine nach Packungsanweisung einweichen, auflösen, mit ¼ der Erdbeermasse verrühren und anschließend zu der übrigen Masse geben. Sahne steif schlagen und ebenfalls unter die Masse heben.

Für den Tortenaufbau 200 g Erdbeeren auf dem unteren Boden verteilen und mit ¼ der Masse bedecken. Zweiten Boden auflegen und ebenfalls mit ¼ der Masse bestreichen. Dritten Boden auflegen und die restliche Masse gleichmäßig auf der ganzen Torte verteilen.

Als Dekoration Mandelblättchen an den Rand drücken, Sahnetupfer auf der Torte plazieren und darauf Erdbeeren setzen.

Diese Torte bereitete Frau Siemes zu ihrer Meisterprüfung, daher der Name „Meistertorte".

Apfel-Mandel-Torte

RÜHRTEIG:
175 g Butter
125 g Zucker
abgeriebene Schale 1 Zitrone (unbehandelt)
1 Prise Salz
3 Eier
200 g Mehl
50 g Speisestärke
10 g Backpulver
1–2 EL Milch
Fett für die Form

BELAG:
1,5 kg säuerliche Äpfel (Holsteiner Cox),
schälen und vierteln
75 g Butter
75 g Zucker
10 g Vanillezucker
25 g Honig
100 g Mandelblättchen
3 EL Milch

Aus den Teigzutaten einen Rührteig bereiten und in eine gefettete 28-cm-Springform füllen. Die Apfelviertel an der Oberseite mehrmals einritzen und schuppenartig auf dem Teig verteilen. Im vorgeheizten Backofen bei 160 °C ca. 40 Minuten backen.

Butter, Zucker, Vanillezucker und Honig aufkochen. Mandelblättchen hinzufügen, ganz leicht anbräunen und mit 3 EL Milch ablöschen. Nach 40 Minuten Backzeit die Mandelmasse auf dem Kuchen verteilen und noch weitere 20 Minuten backen.

Nach einer halben Stunde den Springformrand entfernen und die Torte erkalten lassen.

Apfel-Wein-Torte

MIT EIERLIKÖR

KNETTEIG:
280 g Mehl
5 g Backpulver
90 g Zucker
10 g Vanillezucker
1 Ei
90 g weiche Butter
Fett für die Form

FÜLLUNG:
1 kg Äpfel, geschält und gewürfelt
65 g Vanillepuddingpulver
100 g Zucker
20 g Vanillezucker
350 ml Weißwein
350 ml klarer Apfelsaft

500 ml Schlagsahne
2 Pck. Sahnesteif
20 g Vanillezucker
Eierlikör
geh. Pistazien

Teigzutaten miteinander verkneten. ⅔ des Teigs auf einem gefetteten 28-cm-Springformboden ausrollen. Den restlichen Teig zu einer Rolle formen und am Rand hochdrücken, sodass ein ca. 4 cm hoher Rand entsteht.

Für die Füllung aus den Zutaten einen Pudding kochen, die Apfelwürfel unterheben und die Masse auf den Teig geben. Torte in den kalten Ofen schieben und bei 150 °C Heißluft 70 Minuten backen.

Die Torte über Nacht in der Form erkalten lassen. Morgens aus der Form lösen und kalt stellen.

Sahne mit Sahnesteif und Vanillezucker steif schlagen, glatt auf dem Kuchen verstreichen und einen Rand spritzen. Die Mitte mit Eierlikör auffüllen und mit Pistazien bestreuen.

Café Fleur de piment

Der Marokkaner Wahabi Nouri unterhält zusammen mit seiner Frau Souâd Amrani ein im wahrsten Sinne des Wortes ausgezeichnetes Restaurant: Das Piment. Nun hatten sich vor Jahren die beiden zusätzlich einen Traum erfüllt und ein marokkanisches Café eröffnet - die Sensation des Stadtteils Hamburg-Eppendorf. Allerdings hatten sie den zusätzlichen Arbeitsaufwand unterschätzt und von dem Traumcafé sind nur die Traumrezepte geblieben, die allerdings nichts von ihrer Attraktivität verloren heben. Eppendorf war für die Hamburger schon immer eine besondere Adresse. Früher zogen sich die

Vom kleinen, geschmackvollen Entree führte ein langer schmaler Gang, bestückt mit Verkaufsartikeln, in das quadratische Café. Rot- und Goldtöne setzten die Akzente. Es bleibt nur zu hoffen, dass das Fleur de Piment eines Tages eine Renaissance erfahren wird.

begüterten Hanseaten zum privaten Wohnen in dieses Dorf zurück und als es im 19. Jahrhundert eingemeindet wurde, wurde es ein vornehmer Stadtteil mit großen, prächtigen Mietshäusern. Und noch heute ist es ein Privileg, hier zu wohnen und die meisten Eppendorfer Restaurants gehören zur Elite. So auch das Piment von Wahabi Nouri im Lehmweg.

In Casablanca geboren kam er als kleiner Junge mit seinen Eltern nach Deutschland und machte im hessischen Gau-Bischofsheim eine Kochausbildung. Es folgten hochangesehene Ausbildungsstätten wie das Aubergin von Eckhart

In Marokko wird der Tee in solchen typischen Silberkannen serviert.

Witzigmann und der Betrieb des bekannten Caterers Kofler in München, um nur die beiden zu nennen. Am Ende übernahm er mit großem Erfolg 1999 das Piment in Hamburg und während dieser Zeit gewann er bedeutende Wettbewerbe und wurde mit Sternen ausgezeichnet.

Die kulinarischen Besonderheiten des Cafés waren natürlich das ausschlaggebende und wurden vom vornehmlich jungen Publikum begeistert aufgenommen. Hier muss die Mutter von Souâd noch einmal hervorgehoben werden, Habiba Amrani, die die köstlichen Rezepte der marokkanischen Genüsse eingebracht hat. Eine Köstlichkeit sind ihre Les Cornes de Gazelle, Marokkanische Sablés **und** ganz besonders zu empfehlen ihre Tarte Tatin, dazu einen marokkanischen Pfefferminztee, einfach ein Hochgenuss.

Alles in allem kann man nur begeistert sagen, dass Souâds und Habibas marokkanische Genüsse eine kulinarische und optische Bereicherung für Ihren Kaffeetisch ist.

Tarte Tatin

4 PERSONEN

100 g Butter
180 g Zucker
10 Äpfel (Golden Delicius)
250 g TK-Blätterteig

Die Butter in einer Pfanne zerlassen, den Zucker dazugeben und unter Rühren karamellisieren. Die geschälten, entkernten und geachtelten Äpfel hineingeben und unter Wenden etwa 15 Minuten goldbraun braten. Die Masse sollte nicht flüssig sein, sondern kleben.

Den Blätterteig zu einem Kreis ausrollen, der etwas größer ist als die Pfanne. Diesen nun auf die Apfelmasse legen und die Ränder in die Pfanne stecken. Die Pfanne in den auf 220 °C vorgeheizten Backofen stellen und 20–30 Minuten backen. Tarte nach Garzeitende auf einen Teller stürzen und heiß servieren.

links: Kokosbusserln
rechts: Souffliertes Küchlein

Souffliertes Küchlein

FÜR 35 TARTELETTEFÖRMCHEN
(4 CM DURCHMESSER)

125 g Butter
Butter zum Einfetten der Förmchen
125 g Zucker
4 Eiweiß (120 g)
40 g Mehl
50 g geschälte, gemahlene Mandeln
10 ml Rum
10 g Orangenblüten-Honig
30 g frisch gehackter Ingwer

Die Butter in einem Topf bei nicht zu großer Hitze so lange kochen, bis ein nussartiger Geruch von ihr ausgeht und sie goldbraun geworden ist.

Die Butter sofort in eine Metallschale gesiebt umfüllen. Dann auf Körpertemperatur abkühlen lassen.

Backofen auf 210 °C vorheizen. Die Förmchen mit Butter dünn einfetten. Den Zucker mit dem Eiweiß verrühren. Der Zucker soll sich dabei auflösen, ohne dass das Eiweiß schaumig wird. Das gesiebte Mehl mit den Mandeln vermischen und unter die Zucker-Eiweiß-Mischung rühren. Den Ingwer dazugeben. Nach und nach die passierte Butter unterarbeiten, zum Schluss den Rum und Honig dazugeben. Die Masse in die Förmchen füllen. 8–10 Minuten auf der mittleren Schiene des Backofens backen, bis sie eine schöne goldgelbe Färbung angenommen haben. Die Mandelküchlein kühl aufbewahren.

Kokosbusserln

FÜR 25–30 STÜCK
RUHEZEIT: 12 STUNDEN

125 g Kokosraspel
250 g Zucker
4½ Eiweiß (140 g)
15 g fein geschnittenes Zitronat
15 g Mehl
25–30 Backoblaten mit 5 cm Durchmesser

Alle Zutaten, bis auf das Mehl, in eine Metallschüssel geben. Die Masse auf einem leicht kochenden Wasserbad unter ständigem Rühren auf 70 °C erhitzen (nicht heißer!).

Nun die Masse in eine Schüssel füllen und auf 40 °C abkühlen lassen. Den Backofen auf 160 °C vorheizen. Das Mehl unter die abgekühlte Masse rühren. Mit dem Spritzbeutel und großer Lochtülle Makronen auf die Oblaten dressieren (spritzen).

Die Kokosmakronen leicht antrocknen lassen. Dann auf der mittleren Schiene des Backofens 15 Minuten backen. Während der letzten 5 Minuten die Ofentür nicht öffnen! Abkühlen lassen und servieren.

Marokkanische Sablés

ZUTATEN
FÜR CA. 60 STÜCK

175 g Butter
75 g Zucker
1 TL Vanillezucker
1 Prise Salz
20 g Marokkanische
Gewürzmischung
1 EL Milch
250 g Mehl

Butter, Zucker, Vanillezucker, Salz und Gewürzmischung in einer Schüssel verrühren, bis sich Spitzen bilden. Milch unterrühren, das Mehl dazusieben und zu einem Teig zusammenfügen. Zwei Rollen mit ca. 4 cm Durchmesser formen, in Klarsichtfolie wickeln und 30 Minuten kühl stellen.
Die Rollen in 5 mm dicke Scheiben schneiden und auf ein mit Backpapier belegtes Backblech legen. Im vorgeheizten Backofen bei 200 °C ca. 12 Minuten backen.

Mandelhörnchen

Les Cornes de Gazelle

Für 20–25 Hörnchen

Teig:
250 g Mehl
60 g weiche Butter
1 Prise Salz
3 EL Orangenblütenwasser* (Apotheke)
6 EL Wasser

Mandelmasse:
250 g ganze Mandeln
80 g Puderzucker
2 TL Zimt
3 EL Orangenblütenwasser
evtl. etwas Vanillearoma

Sirup:
1 dl Wasser
60 g Zucker

100 g Puderzucker zum Bestreuen
geh. Mandeln zum Bestreuen

Das geschmacksintensive Orangenblütenwasser wird in der nordafrikanischen und französischen Küche zum Backen verwendet, dort findet man es in jedem Supermarkt. Da es in Deutschland nicht sehr geläufig ist, ersetzt man das Blütenwasser durch die gleiche Menge Wasser.

1 Stunde vor der Teigzubereitung die Butter aus dem Kühlschrank nehmen und in Würfel schneiden.

In einer Rührschüssel das Mehl, die weiche Butter und Salz mit den Händen vermengen. Vor der Weiterverarbeitung den Teig 1 Stunde ruhen lassen.

3 EL Orangenblütenwasser und nach und nach 6 EL Wasser in den Teig einarbeiten. Den Teig 5–10 Minuten durchkneten, damit er elastischer wird.

Wird der Teig am Vortag zubereitet, sollte man ihn im Kühlschrank aufbewahren und 1 Stunde vor Gebrauch herausnehmen.

MANDELMASSE: Die Mandeln 30 Sekunden in kochendes Wasser tauchen und die braune Haut entfernen.

Die Mandeln zunächst mit einem Messer oder noch einfacher mit einem Nudelholz grob zerkleinern. Dann mit dem Mixer oder der Reibe zu mittelfeinem Mandelpulver verarbeiten.

In einer Schüssel Mandeln, Puderzucker, Zimt, 3 EL Orangenblütenwasser oder Wasser und ggf. Vanillearoma vermischen und zu einer Kugel formen.

Den Ofen auf 220 °C vorheizen.

Den Teig vierteln, den Tisch mit Mehl bestäuben. Ein Viertel des Teigs so dünn wie möglich mit dem Nudelholz zu einem möglichst langen Teigband von ungefähr 12 cm Breite ausrollen und zurechtschneiden (je dünner der Teig, desto besser die Hörnchen). Die überschüssigen Teigränder werden später neu verknetet und verwendet.

In den Handflächen 1 EL Mandelmasse zu einem Hörnchen bzw. zu einer Halbmondform von 8–10 cm formen.

Diesen Mandelhalbmond ungefähr 3 cm vom rechten oder linken Teigrand entfernt und parallel zur Breite auf das Teigband legen.

Die 3 cm Teigrand über das Hörnchen schlagen und somit die Mandelmasse umschließen. Das Hörnchen vom restlichen Teig der Form entlang abschneiden und mit den Fingern die Halbmondform verfeinern. Die Teigenden gut zusammendrücken. Das Hörnchen leicht mit der Gabel anpieken und auf ein mit Backpapier belegtes Backblech legen. Mit dem restlichen Teigband und den anderen Teigvierteln ebenso verfahren. Die Hörnchen 12 Minuten bei 220 °C abbacken. Sie sollten eher weiß als goldgelb sein.

SIRUP: In einem Topf 60 g Zucker und 1 dl Wasser erhitzen. Sobald das Wasser kocht, von der Platte nehmen.

Die Hörnchen mit dem Sirup bestreichen und mit gehackten Mandeln und Puderzucker bestreuen.

Die Mandelhörnchen lassen sich gut ein paar Tage in einer Keksdose aufbewahren.

Madeleines

4 Eier
240 g Zucker
200 g Mehl
8 g Backpulver
4 g abgeriebene Zitronenschale (unbehandelt)
200 g zerlassene Butter
Fett für die Förmchen
Puderzucker zum Bestäuben

Eier und Zucker schaumig schlagen. Mehl und Backpulver mischen und hineinsieben. Zitronenschale dazugeben. Die geschmolzene Butter langsam hineinrühren und den Teig 2 Stunden ruhen lassen. Die typischen kleinen Muschelförmchen (Fachhandel) mit Fett ausstreichen. Vom Teig kleine Stücke in die Madeleineförmchen drücken und im vorgeheizten Backofen auf der mittleren Schiene bei 250 °C 15 Minuten backen. Nach Geschmack mit Puderzucker bestreuen.

Nelkenkipferl

ZUTATEN FÜR CA. 60 STÜCK

TEIG:
250 g Mehl
210 g Butter
100 g gemahlene Mandeln
20 g Nelkenpulver
80 g Zucker
2 Pck. Vanillezucker

ZUM WENDEN:
1 Pck. Puderzucker
2 Pck. Vanillezucker

Die Zutaten für den Teig miteinander gut verkneten. Anschließend in Folie wickeln und 30 Minuten in den Kühlschrank legen.
In der Zwischenzeit den Puderzucker in eine große, verschließbare Schüssel sieben und mit zwei Päckchen Vanillezucker vermengen. Die verschließbare Schüssel ist deshalb so wichtig, weil man evtl. Reste für die nächste Portion Vanillekipferl wieder verwenden kann.
Den Kipferlteig zu Rollen mit einem ungefähren Durchmesser von 4 cm formen. Danach in ca. 1–2 cm dicke Scheiben schneiden. Aus diesen Scheiben die Kipferl formen und nicht zu eng aneinander auf ein mit Backpapier belegtes Backblech legen. Im Umluftherd bei 175 °C ca. 20 Minuten backen. Wenn die Kipferl zu bräunen beginnen, sind sie gut.
Die Kipferl nun etwa 3 Minuten abkühlen lassen. Dann in die vorbereitete Puderzucker mischung legen und von allen Seiten darin wenden. Sind sie noch zu warm, zerbrechen sie sehr leicht; sind sie zu kalt, haftet der Puderzucker nicht mehr gut. Am besten immer wieder probieren, ob sie schon fest genug sind.

Marokkanischer Pfefferminztee

4 Personen

½ Bund Marokkanische wilde Minze
(Wochenmarkt)
4 EL Zucker
1 EL Chinesischer Grüner Tee
5 Stck. Kardamom, zerdrückt

Alle Zutaten in eine Teekanne geben und mit kochendem Wasser überbrühen.
Ziehen lassen und zur Dekoration einige Minzblättchen in die Gläser geben.

Mandel-Financier

4 Eiweiß
1 Prise Salz
50 g gem. Mandeln
100 g Puderzucker
80 g zerlassene Butter
Basilikum-Julienne
Fett für die Form
Puderzucker zum Bestäuben

Eiweiß mit einer Prise Salz steif schlagen. Mandeln und Puderzucker vorsichtig unterheben. Die zerlassene Butter mit einem Spatel ganz zart darunterrühren. Einige Basilikumblättchen zu schmalen Juliennestreifen schneiden und unterheben. Die Masse in eine gefettete 28-cm-Springform füllen und im vorgeheizten Backofen bei 200 °C ca. 12–15 Minuten backen. Mit Puderzucker bestäuben.

Kaffee Kontor

Kaffee Kontor

Auf dem Weg an der Nordseeküste entlang Richtung Dänemark kommt man kurz vor Husum an dem Holländerstädtchen Friedrichstadt vorbei. Es ist unbedingt eine Reise wert, denn 400.000 Touristen im Jahr können sich nicht irren. Friedrichstadt wurde durch Holländer erbaut, die um 1620 vom Landesherrn Herzog Friedrich eingeladen wurden, hier bei völliger Religionsfreiheit einen Hafen und eine Stadt zu bauen. Herzog Friedrich schwebte eine Handelsstadt zwischen West- und Osteuropa

Hier lacht das Sammlerherz.

vor. Durch die Grachten und malerischen, blitzsauberen „Puppenstubenhäuser" fühlt man sich nach Holland versetzt und wundert sich nicht, Am Markt Nr. 2 ein Kaffee Kontor zu entdecken. Der Handel mit qualitätvollem Kaffee ist für Holland schon immer ein Markenzeichen gewesen.

Hier betreibt Bärbel Firneis das mit 14 Quadratmetern wohl kleinste Kaffeegeschäft Deutschlands, in dem sich die feinsten und vielseitigsten Kaffeesorten der Welt bis zur Decke stapeln. „Die Winzigkeit des Ladens ist gerade der Gag!" sagt Bärbel Firneis, und der geschäftliche Erfolg gibt ihr Recht.

Bevor sie hier 2005 eröffneten, handelten Karl-Heinz und Bärbel mit Antiquitäten, und das sieht man auch. Ihr kleines Geschäft ist überall mit schönen alten Dingen dekoriert. Die beiden begannen vorsichtig in Zusammenarbeit mit einer Hamburger Kaffeerösterei, und mit der Zeit boomt ihr Laden. Das Angebot hat sich inzwischen auf 140 verschiedene Sorten erweitert, geerntet von Äthiopien bis Guatemala. Die Preise sind natürlich je nach Qualität sehr unterschiedlich und enden bei 100,– Euro pro Kilo für einen „Jamaica Blue Mountain". „Das schmeckt man auf jeden Fall heraus, und Kenner kaufen ihn.

In einem der ältesten Häuser Friedrichstadts von ca. 1676, Am Markt Nr. 2, befindet sich das Kaffee Kontor.

Aber noch teurere Sorten führen wir nicht, denn die gehen zu selten, und Kaffee darf nicht alt werden. Frisch gebrannt und zu Hause frisch gemahlen muss er sein, damit man den vollen Genuss hat." Und so ulkt Bärbel schon mal, wenn jemand fragt: „Können Sie mir den mahlen?" „Ja, in welcher Farbe denn?" So geht es hier den ganzen Tag lustig zu, und in der anschließenden Kaffeestube, dem Kaffeeausschank, ist ihr Mann der absolute Alleinunterhalter. Von dort kommen öfter Lachsalven, ausgelöst durch den Kaffee-Comedian. So hatte er

Mit wunderschönen kleinen Raritäten bestückter Tresen im Kaffeeausschank.

einmal neue Kaffeetüten in Dunkelblau eingeführt. Ein Käufer fragte prompt: „Is da Tee-ee drin?" „Klar" sagte Kalle, „steht ja auch draußen dran: Kaffee Kontor!!"

Und so geht es den ganzen Tag, Kalle hat 1000 Döntjes auf Lager, und die Gäste lieben sie. Bis zu zehn Gäste fasst der Kaffeeausschank, und das ist laut Bärbel auch wieder der „Gag": PLATZ IST IN DER KLEINSTEN HÜTTE hat sie auf ein Sitzkissen gestickt. Natürlich ist es immer voll in den beiden Räumen. Im Laden kann man das vielseitige Angebot studieren, und im Kaffeeausschank kann man bei Gebäck den jeweiligen Kaffee des Tages probieren. Es gibt verschiedene Bohnensorten und Kaffees mit verschiedenen Zusatzaromen: Aprikose, Kardamom, Amaretto, Orange, Schoko-Mint, Vanille, Wildkirsche und – und – und …

„Wir haben alle ausprobiert bis zum Coffeinschock!" sagt Bärbel und zum Thema Erweiterung sagt sie: „Mehr geht nicht in diesem winzigen 4,80 Meter breiten Haus. Das einzige, was ich mir noch vorstellen könnte, ist einen Platz freischaufeln für einen kleinen Kaffeeröster. Selbst Kaffee rösten: das wär' der Clou!"

Kaffeeglas mit Filter und Kaffeelöffelhalter.

Würziger Zimtkaffee

4 Personen

400 ml Milch
4 EL Honig
1 TL gem. Zimt
4 TL Kakaopulver
400 ml starker, heißer Kaffee
4 Zimtstangen

Milch erwärmen, Honig und Zimt untermischen und kurz aufkochen. Kakaopulver einrühren und auf 4 Tassen verteilen. Mit Kaffee auffüllen und heiß servieren. Je 1 Zimtstange zum Umrühren dazureichen.

Milchkaffee mit Schuss

6 Personen

1 Liter starker, kalter Mokka
500 ml Milch
2 Pck. Vanillezucker
8 cl Kirschwasser
6 Kugeln Vanilleeis
1 Becher Schlagsahne (200 ml), geschlagen
gem. Muskatnuss

Den kalten Mokka mit der Milch mischen. Mit Vanillezucker und Kirschwasser abschmecken und kalt stellen. Vanilleeis in 6 Gläser geben, mit der Mokkamischung übergießen und einer Sahnehaube krönen. Mit Muskatnuss bestäuben.

Kaffee-Grog

2 PERSONEN

250 ml Rotwein
4 Stück Würfelzucker
250 ml starker, heißer Filterkaffee

Rotwein und Zucker unter ständigem Rühren aufkochen, bis sich der Zucker aufgelöst hat. Den frisch aufgebrühten Filterkaffee dazugießen und noch 2–3 Minuten köcheln lassen. In Milchkaffeeschalen servieren.

Über 140 verschiedene Kaffeesorten werden hier im Kaffee Kontor angeboten.

Kalter Obst-Kaffee-Punsch

8 PERSONEN

225 g Himbeeren
4 Orangen (unbehandelt)
150 ml Wodka
550 ml starker, kalter Kaffee
2 Kiwis, in Scheiben geschnitten
2 Fl. Sekt

Himbeeren und in Scheiben geschnittene Orangen in ein Bowlegefäß geben. Mit Wodka und Kaffee übergießen, ca. 2 Stunden kalt stellen und ziehen lassen. Vor dem Servieren den Sekt und die Kiwis dazugeben.

Ein ganz besonderes Stück in der Sammlung ist diese Barttasse.

53

Sherrykaffee

4 Personen

1 Eiweiß
125 ml Schlagsahne
½ TL Vanillezucker
8 cl Sherry
500 ml heißer Kaffee

Eiweiß und Sahne getrennt steif schlagen. Sahne mit Vanillezucker süßen. Eischnee und Sahne mischen. Je 2 cl Sherry und ein Viertel der Eiweiß-Sahne-Mischung auf 4 Tassen verteilen. Mit heißem Kaffee auffüllen und sofort servieren. Nach Geschmack mit Zucker süßen.

Dänischer Würzkaffee

4 Personen

500 ml Wasser
½ Zimtstange
½ Vanilleschote
6 geh. TL gem. Kaffee
100 ml Schlagsahne
1 Pck. Vanillezucker
1 EL Puderzucker
8 cl Gammel Dansk Bitter
25 g Borkenschokolade

Wasser in einem kleinen Topf zusammen mit der einmal gebrochenen Zimtstange und der aufgeschlitzten Vanilleschote aufkochen und zugedeckt 10 Minuten leise simmern lassen. Den Kaffee in eine Filtertüte geben. Zimtstange und Vanilleschote entfernen. Das Wasser sprudelnd aufkochen und den Kaffee damit aufbrühen. Sahne, Vanillezucker und Puderzucker halbsteif schlagen. 4 große Tassen mit kochendem Wasser ausspülen, in jede Tasse 2 cl Gammel Dansk geben und mit dem heißen Kaffee auffüllen. Sahne darauf verteilen und einmal umrühren. Mit zerbröckelter Borkenschokolade bestreuen.

Erinnerung an alte Zeiten.

Kaffeepunsch

10 PERSONEN

500 ml starker Kaffee
500 ml Portwein
500 ml Jamaikarum
Kandis

Kaffee, Portwein, Rum und Kandis zusammengießen und erhitzen, nicht kochen. Solange umrühren, bis sich der Kandis aufgelöst hat. Heiß servieren.

Mexican Spiced Coffee

6 PERSONEN

6 Tassen Wasser
¾ Tasse brauner Zucker
6 Nelken
3 Zimtstangen
6 EL gem. Kaffee
6 schmale Scheiben Orangenschale
(unbehandelt)

Wasser, Zucker, Nelken und Zimtstangen in einem großen Topf erhitzen, nicht kochen. Gemahlenen Kaffee unterrühren und die Mischung 3 Minuten sanft köcheln lassen. Anschließend die Flüssigkeit durch ein feines Sieb gießen und auf 6 vorgewärmte Tassen verteilen. Mit einem Stückchen Orangenschale servieren.

Henry VIII. als Kaffeebecher.

Kaffeehaus Heldt

Kaffeehaus Heldt

Das Kaffeehaus Heldt ist ein Haus mit langer, bester Tradition. Im Ostseebad Eckernförde wurde es vor fast 400 Jahren erbaut. Die Konditorei wurde 1881 eröffnet. Als Armin und Katharina Heldt 1992 sie von ihren Eltern übernahmen, entschieden sie sich für den traditionellen Stil. „Coffee to go" ist nicht ihre Sache, und da sie sich bis dahin mit Antiquitäten beschäftigt hatten, fiel es ihnen nicht schwer, die alten Räume wieder im Wiener Café-Haus-, im Louis-Philipp-Stil, im 20er-Jahre-Outfit und den vierten Raum als Wintergarten einzurichten und mit ihren wertvollen Antiquitäten und Gemälden zu dekorieren. Das Auge isst ja bekanntlich mit, und so kann man hier in Nostalgie baden. Aber der Gaumen wird natürlich auch gestreichelt, hier im Kaffeehaus Heldt ganz besonders, denn das ist ein besonderes Anliegen der Familie. Über 20 Jahre führten die Eltern Manfred und Liselotte das Kaffeehaus und die Konditorei mit sehr viel Engagement. Ihr Ausbildungsbetrieb brachte hervorragende Kräfte hervor – darunter sogar Bundes- und Landessieger.

Und auch Armin und Katharina sind stolz auf ihre Crew. Der Backstubenleiter Thomas Schulz hat schon bei den Eltern Heldt gelernt und ist ein sehr versierter Mann. Mit seiner Gesellin zaubert er meisterliche Torten, Schokoladen, Petit Fours, Pralinen usw. Alles, was man in den Auslagen sieht, ist hausgefertigt. Und immer wieder entstehen neue Idee, die zu neuen Produkten entwickelt werden: Sahne-, Schokola-

Alles, was man hier im Konditorei-Verkaufsraum im Tresen liegen sieht, Schokolade, Marzipan, Pralinen, Petit Fours, Torten und Kuchen, wird handgemacht und in diesem Hause hergestellt.

Das Wappen über der Eingangstür ist das der Herzöge von Schleswig-Holstein. Seit 1881 betrieb Hermann Hudemann die Konditorei und das Kaffeehaus. Bekannt für seine Spezialitäten, erwarb er das Prädikat eines Hoflieferanten der Herzöge.

den- und Marzipanspezialitäten. Apropos Marzipan: Die alte Tradition der Herstellung von Königsberger Marzipan wird hier noch gepflegt. Sie ist sehr arbeitsaufwendig, denn es wird gebrannt, damit es das braune Aussehen und den Karamellgeschmack bekommt. Und nicht zu vergessen ist Olaf Borchardt, mit dem die Heldts einen versierten Mann an ihrer Seite haben, der den Gästen jeden Wunsch von den Augen abliest.

Das Publikum in Eckernförde weiß dies alles zu schätzen, und so werden die Räumlichkeiten sehr oft für Feiern verschiedenster Art gebucht. Bei 120 Sitzplätzen insgesamt sind die Heldts sehr flexibel. Im Sommerhalbjahr kommen noch 44 Außenplätze hinzu. Dies alles hat sich weithin bei den Touristen herumgesprochen, die zahlreich die Möglichkeit nutzen, in den Appartements mit Kochgelegenheit zu übernachten oder den kleinen Urlaub zwischendurch zu machen, zumal das Haus ganzjährig geöffnet ist.

Im traditionellen Wiener Kaffeehaus hat die Musik immer eine große Rolle gespielt. Die Zeit der Schrammelmusik ist zwar vorbei, aber Musik,

speziell der Gesang, steckt Armin Heldt im Blut, und voll Begeisterung berichtet er: „Singen war schon immer mein Hobby, und die ganze Schulzeit von der ersten bis zur letzten Klasse habe ich in Chören gesungen. Dann habe ich mich zum Solisten weiterentwickelt, und meine Stimme bilde ich ständig weiter fort."

Die Lieder und Chansons der 30er Jahre haben es ihm besonders angetan, und so veranstaltet er zwei- bis dreimal im Jahr mit anderen Solisten Gesangsveranstaltungen in seinem Café, die regelmäßig ausverkauft sind. Auch sein Sohn Alexander macht mit seinen 16 Jahren schon mit und engagiert sich weiterhin bei Theaterprojekten. So runden in der Familie Heldt Erfolg in der Gastronomie, Engagement in der Betreuung der Gäste und die Liebe zur Musik ihr Leben zu einem erfüllten Dasein ab.

Das 400 Jahre alte Traditionshaus in Eckernförde. (Foto privat)

Petit Fours

Grundrezept für Wiener Masse

5 Eier
2 Eigelb
150 g Zucker
150 g Mehl
30 g Weizenstärke
90 g heiße Butter
½ TL abgeriebene Zitronenschale
1 Prise Salz
30 g Kakao

Die Eier trennen. Eigelb mit der Zitronenschale und der halben Zuckermenge mit dem Handmixer aufschlagen, bis eine luftige, weiße Masse entsteht.

Das Eiweiß mit dem Salz und dem restlichen Zucker steif schlagen und unter die Eigelbmasse ziehen. Mehl und Weizenstärke mit dem Kakao mischen und langsam in die Masse einrühren. Danach die flüssige Butter unterziehen.

Alles in einen eingefetteten Tortenring (26 cm) einfüllen und im vorgeheizten Backofen bei 190 °C 30–35 Minuten backen.

FÜR DIE FÜLLUNG:

100 g Himbeer-Johannisbeerkonfitüre mit 2 TL Himbeergeist verrühren und die eine Hälfte des Bodens damit dünn bestreichen.

BUTTERCREME:

300 g Butter
½ Vanilleschote
3 Eier
3 Eigelb
200 g Zucker

Die Butter mit dem Mark der Vanilleschote schaumig rühren. Die Eier mit dem Zucker im Wasserbad (ca. 60 °C) bis zur Rose abziehen, danach die Masse aus dem Wasserbad nehmen und kalt schlagen. Sie wird dadurch cremig und feinporig. Die Eimasse langsam und unter ständigem Rühren mit der Butter vermischen.

Die Buttercreme auf den Boden mit der Konfitüre aufstreichen. Den zweiten Boden draufsetzen und ca. 2 Stunden im Kühlschrank kalt stellen.

Danach kann man den so vorbereiteten Boden mit einem scharfen Messer in Rauten oder Quadrate schneiden.

Petit Fours

Aus dem halben Grundrezept (ohne Kakao) der Wiener Masse einen dünnen Boden backen. Dafür ein Backblech mit Backpapier auslegen und den Boden bei 180 °C ca. 10 Minutn backen. Nach dem Backen den Boden auf ein weiteres Papier stürzen und das andere Papier abziehen. Den Boden in der Mitte durchschneiden.

ZUCKERGUSS:

400 g Puderzucker mit Wasser und evt. Lebensmittelfarbe verrühren.

Die vorbereiteten Petit Fours mit dem Guss überziehen und nach eigenem Geschmack mit Zuckerblumen oder Schokoladenornamenten garnieren.

Pralinen

250 g Marzipan
30 g gehackte Walnüsse
1 Teelöffel Weinbrand
300 g Vollmilchkuvertüre
Puderzucker zum Ausrollen

Marzipan, gehackte Walnüsse und Weinbrand verkneten. Die Masse ca. 1 cm dick ausrollen und in kleine Quadrate (ca. 3 × 3 cm) schneiden. Die Vollmilchkuvertüre im Wasserbad schmelzen. Die Marzipanstücke mit einer Gabel in die geschmolzene Kuvertüre eintauchen und auf ein Backpapier zum Trocknen setzen. Wer will, kann obendrauf vor dem Festwerden die Praline mit einer ¼ Walnuss verzieren.

Himbeer-Sahne-Torte

½ Grundrezept des Rezeptes der Wiener Masse

1 kg TK-Himbeeren
300 g Zucker
4 Blatt Gelatine
800 ml Schlagsahne, geschlagen
1 Pck. Tortenguss, rot

Aus der Hälfte des Grundrezeptes der Wiener Masse einen Boden in einer Springform (26 cm) backen. Diesen erkalten lassen und einmal quer durchschneiden. Die Gelatine in kaltem Wasser einweichen. 600 g Himbeeren mit dem Zucker in der Mikrowelle auftauen. Die restlichen Himbeeren wieder einfrieren. Die Himbeeren mit einem Schneebesen verrühren. Etwas Himbeermus auf den unteren Boden streichen. Die Gelatine ausdrücken und in etwas warmem Wasser auflösen. Das Himbeermus in die Schlagsahne rühren, danach die aufgelöste Gelatine zügig unterheben.

Den bestrichenen Boden in die Springform zurücksetzen und mit der Himbeersahne füllen. Etwas Sahne zum Garnieren zurückbehalten und kalt stellen. Den zweiten Boden daraufsetzen. Zwei Stunden kalt stellen. Danach die restlichen Himbeeren gefroren auf der Torte verteilen. Den Tortenguss nach Packungsanleitung zubereiten und auf den Himbeeren verteilen. Die restliche Himbeersahne für den Rand und als Dekoration verwenden.

Trines Fliederbeerpunsch

8 GLÄSER

1 Liter Fliederbeersaft
450 ml Orangensaft
1 Zimtstange
Schale von einer halben Bio-Orange
9 EL Holundersirup
120 g Zucker
200 ml Schlagsahne
etwas Zimt zum Bestreuen

Alle Zutaten, bis auf die Sahne, aufkochen. Die Sahne steif schlagen. Den heißen Punsch in Teegläser füllen und mit einer Sahnehaube dekorieren. Mit Zimt bestreuen.

Hochzeitstorte

Für eine dreistöckige Hochzeitstorte benötigt man das 2,5-fache des Grundrezepts der Wiener Masse. Daraus drei Böden backen, jeweils 26, 24 und 20 cm Durchmesser. Die Böden werden dreimal geschnitten.

SCHOKOLADENSAHNEFÜLLUNG:

600 g Zartbitter-Kuvertüre
2 Liter Schlagsahne
120 g Zucker
800 g weiße Kuvertüre
1 kg Marzipan
evt. Lebensmittelfarbe

Die dunkle Kuvertüre fein hacken, in eine Schüssel geben und im Wasserbad schmelzen. 1,8 l Sahne mit dem Zucker aufschlagen. Die Kuvertüre aus dem Wasserbad herausnehmen und nach und nach die geschlagene Sahne unterheben. Die Kuvertüre darf nicht zu kalt sein, sonst gerinnt die Sahne. Die vorbereiteten Tortenböden füllen und mit der restlichen Sahne, welche vorher geschlagen wurde, dünn einstreichen. Nun werden die Torten mit den Schokoladenspänen eingekleidet. Dafür wird die weiße Kuvertüre in einem Wasserbad geschmolzen und auf eine glatte Platte dünn aufgestrichen. Wenn die Kuvertüre fest wird, kann man mit einem langen Messer die Späne abschaben. Die einzelnen Torten auf einem dreistöckigen Tortenständer anrichten. Hierbei muss in der Mitte der beiden unteren Torten ein Loch ausgestochen werden, damit man den Tortenständer wieder zusammenschrauben kann. Damit es festlicher aussieht, kann man noch Tortenspitze unter die einzelnen Torten legen.
Wer es sich zutraut, färbt das Marzipan mit Lebensmittelfarbe ein und formt ca. 20 Rosen und Blätter daraus und verziert die Torte damit.

Geburtstagstorte

FORMSTÜCK MIT ZITRONENSAHNE

Eine Wiener Masse aus dem doppelten Grundrezept (ohne Kakao) herstellen und daraus vier dünne Böden auf Backpapier aufstreichen und nacheinander bei 180 °C ca. 10 Minuten backen. Die Böden vom Papier lösen und erkalten lassen. Inzwischen die Zitronensahne herstellen:

Saft und abgeriebene Schale von 4 Bio-Zitronen
200 g Zucker
4 Eigelb
125 ml Weißwein
1 Liter geschlagene, ungesüßte Schlagsahne
12 Blatt Gelatine

Die Gelatine in kaltem Wasser einweichen. Zucker, Eigelb und Wein unter ständigem Rühren auf dem Wasserbad zur Rose abziehen. Danach die Gelatine in die Masse einrühren und den Zitronensaft und Schalen hinzufügen. Die Masse bis ca. 30 °C abkühlen lassen und die geschlagene Sahne unterheben.

Nun drei Böden mit 300 g Preiselbeerkonfitüre dünn einstreichen. Die Zitronensahne ebenfalls verteilen und den letzten Boden als Deckel draufsetzen. Der so vorbereitete Boden wird nun 2 Stunden im Kühlschrank kalt gestellt. Danach kann man den Rand mit einem scharfen Messer eventuell begradigen.

500 g Marzipan mit Puderzucker zu einer dünnen Decke ausrollen und das Formstück damit eindecken.

Nach Fantasie und eigenem Geschick das Formstück dann mit Marzipanblüten oder Schriften ausgarnieren.

Kanal-Café

Das Ehepaar Claus aus Rendsburg ging früher gerne am Nord-Ostsee-Kanal spazieren, in der Nähe der berühmten Hochbrücke die Pötte angucken, die da so vorbeikommen. Dabei fiel den Claus' das über 100 Jahre alte Werkmeisterhaus auf, das damals während des Baus des Kanals für Dienstpersonal gebaut worden war. Jetzt wurde es nicht mehr gebraucht und sah etwas heruntergekommen aus. „Daraus könnte man doch etwas machen!" sagte dann immer häufiger Ursula Claus. Eines Tags stand in der Zeitung, dass es zu verkaufen sei, und das Ehepaar Claus war wie elektrisiert. Sie bemühten sich um das Gebäude, und nach einiger Zeit war alles unter Dach und Fach. Die beiden wollten umbauen und ein Café daraus machen. Für den Architekten war dies eine stilistische Herausforderung. Hochbrücke, Hafen, Kräne und große Schiffe in unmittelbarer Nachbarschaft eines idyllischen Fleckchens Erde. Wie

das überzeugend verbinden? Mit viel Glas und Stahl entstand ein erstaunlich gemütliches Café neben dem Werkmeister-Doppelhaus, das heute ein Anziehungspunkt für viele Rendsburger und Touristen ist. Die vier Fremdenzimmer in dem Altbau sind so gut wie immer ausgebucht, und zu Buffet und Brunch muss man sich anmelden, weil man sonst keinen Platz bekommt. Dass das Kanal-Café so gut angenommen wird, konnte man ja vorher nicht ahnen. „Da steckt man nie drin", sagt Frau Claus. „Ich wollte mir ja nur einen Wunsch erfüllen, einen Platz zu schaffen, an dem man in aller Ruhe sitzen und aufs Wasser schauen kann. Dass wir in eine derartige Marktlücke stoßen würden, konnte man nicht ahnen." Hier im Grünen zu sitzen und der großen Welt in Form von Luxuslinern und Containerschiffen die Parade abzunehmen, ist eben ein hochinteressantes Erlebnis. Dabei darf man aber nicht vergessen, dass die Qualität des Service und der

Den schönsten Blick hat man vom Kanal-Café aus, ehemals die alte Kanalmeisterei. Das Café im Anbau ist rundum verglast und bietet eine einmalige Aussicht auf die vorbeifahrenden Traumschiffe und Containerriesen.

In einer modernen, hellen Atmosphäre genießt man hier die Gaumenfreuden. Der herrliche Blick auf den Nord-Ostsee-Kanal mit seinen scheinbar hautnah vorbeifahrenden Schiffen macht den Besuch im Kanal-Café zu einem großen Erlebnis.

Küche einen großen Teil dazu beigetragen haben. Hier erschaffen acht Angestellte die Torten und Kuchenkreationen das ganze Jahr hindurch. Im Ganzen sind es 20 Mitarbeiter, und die braucht man auch bei dem unglaublichen Angebot. Von 9:00–18:00 Uhr ist das Café Sommer wie Winter geöffnet. Auch ein Mittagstisch und eine kleine Speisekarte werden angeboten. Hinzu kommen die vielen Highlights wie der Sonntagsbrunch, der einen begeisterten Zulauf hat. Weiterhin gibt es das Frühstücksbuffet und das große Fischessen am Freitag.

Das Haus Kanal-Café ist im Laufe der ersten beiden Jahre zu einem Ausbildungsbetrieb avanciert, so dass es jungen Menschen eine Chance bietet, in diesem Berufsfeld Fuß zu fassen und sich zu bewähren. „Am Wochenende gehen hier 45–50 Torten raus", berichtet Ursula Claus. „Das ist schon eine gewaltige Schlagzahl! Und wenn mal Not am Mann ist, fasse ich mit an, denn ich kann alles, was hier gefordert wird."

So hat sie zusammen mit ihrem Mann eine Vision realisiert: ein „Naherholungsgebiet" am Rande Rendsburgs, in Osterrönfeld, zu schaffen, wo die Ozeanriesen wie zum Greifen nah den Gästen scheinbar über den Tortenteller gleiten und bei Dunkelheit traumhaft illuminiert vorbeiziehen – eine Oase entspannten Erlebens.

Moortorte

Mandarinen-Quark-Sahne-Torte

BISKUIT:
4 Eier
100 g Zucker
50 g Mehl
50 g Speisestärke
2 TL Backpulver

FÜLLUNG:
6 Blatt weiße Gelatine
500 g Speisequark
125 g Zucker
500 ml Schlagsahne
3 D. Mandarinen (à 175 g Abtropfgewicht)
Puderzucker, Mandarinenspalten für die Dekoration

Eier und Zucker mit dem Mixer schaumig schlagen. Mehl, Speisestärke und Backpulver mischen und nach und nach unterheben. Eine 28-cm-Springform mit Backpapier auslegen, den Teig hineinfüllen und im vorgeheizten Backofen bei 175 °C backen. Danach gut auskühlen lassen und quer halbieren.

Für die Füllung die Gelatine nach Packungsanweisung in Wasser einweichen.

Quark und Zucker miteinander verrühren. Gut ausgedrückte Gelatine in der Mikrowelle 30 Sek. auflösen und in die Quarkmasse geben. 20 Min. fest werden lassen. 500 ml Sahne steif schlagen und unter die Quarkmasse heben.

Mandarinen abtropfen lassen und die Früchte ebenfalls unterheben.

Mandarinenquark auf den unteren Boden geben und den zweiten Boden darauflegen. Mit Puderzucker, Sahnetupfern und Mandarinenspalten garnieren.

Rotkäppchen-Torte

RÜHRTEIG:
150 g weiche Margarine
3 Eier
150 g Zucker
1 Pck. Vanillezucker
200 g Mehl
2 TL Backpulver
2–3 EL Nuss-Nougat-Creme

1 Glas Sauerkirschen (370 g Abtropfgewicht)

FÜLLUNG:
500 ml Schlagsahne
50 g Zucker
1 Pck. Vanillezucker
3 Pck. Sahnesteif
500 g Magerquark

GUSS:
Kirschsaft
50 ml Kirschwasser
50 g Zucker
1 Pck. Tortenguss, rot

Margarine, Eier, Zucker und Vanillezucker in eine Rührschüssel geben und mit dem Mixer schaumig schlagen. Mehl, Backpulver und Nuss-Nougat-Creme unterheben.
Sauerkirschen abtropfen lassen, Saft auffangen. Kirschen auf den Teig geben. Im vorgeheizten Backofen bei 180 °C ca. 40 Minuten backen. Boden anschließend auskühlen lassen.

Für die Füllung Sahne, Zucker, Vanillezucker und Sahnesteif steif schlagen. Anschließend den Quark unterheben. Ein paar Löffel für die Dekoration abnehmen. Die restliche Masse auf dem Tortenboden verteilen und glattstreichen.
Kirschsaft, Kirschwasser, Zucker und Tortenguss in einen Topf geben und unter ständigem Rühren aufkochen lassen. Schnell und vorsichtig auf die Quarksahne gießen. Erst nach dem Durchkühlen verzieren.

Schneemus-Torte mit Orangen-Sahne

TEIG:

5 Eier
125 g weiche Butter
125 g + 200 g + 1 EL Zucker
1 Pck. Vanillinzucker
1 Prise Salz
3 Pck. ger. Orangenschale (unbehandelt)
150 g Mehl
2 TL Backpulver
2 EL Milch
2 EL Mandelblättchen
Fett für die Form

FÜLLUNG:

2 Becher Schlagsahne (à 200 ml)
2 Pck. Sahnesteif
3–4 EL Orangenlikör
3–4 EL Orangensaft
1–2 TL Puderzucker
nach Geschmack kandierte Orangenscheiben
und Zitronenmelisse für die Dekoration

4 Eier trennen. Butter, 125 g Zucker und Vanillinzucker, 1 Prise Salz und 1 Pck. Orangenschale cremig rühren. 4 Eigelb und 1 ganzes Ei einzeln unterrühren. Mehl und Backpulver mischen und im Wechsel mit der Milch unterrühren. 4 Eiweiß und 1 Prise Salz steif schlagen. Unter weiterem Schlagen 200 g Zucker einrieseln lassen. Weiterschlagen, bis sich der Zucker ganz aufgelöst hat. ½ Teig in eine gefettete 26-cm-Springform streichen. ½ Eischnee daraufstreichen, mit 1 EL Mandeln bestreuen. Im vorgeheizten Backofen bei 175 °C 20–25 Minuten backen. Rest Teig, Eischnee und Mandeln auf gleiche Weise backen. Böden auskühlen lassen.

Sahne steif schlagen und dabei Sahnesteif, 1 EL Zucker und Rest Orangenschale einrieseln lassen. Likör und Saft unterheben. Orangen-Sahne auf einen Boden streichen. Zweiten Boden daraufsetzen und mit Puderzucker bestäuben. Nach Geschmack verzieren.

Moortorte

BISKUIT:
5 Eier
150 g Zucker
90 g Mehl
20 g Kakao
10 g lösl. Kaffeepulver
1 TL Backpulver

FÜLLUNG:
850 ml Schlagsahne
300 g dunkle Kuvertüre
1 TL Butter
3 gr. Bananen

Eier und Zucker ca. 5 Minuten mit dem Mixer hellgelb aufschlagen. Mehl, Kakao, Kaffeepulver und Backpulver mischen und locker unter die Eimasse heben. Eine 28-cm-Springform mit Backpapier auslegen und den Teig hineingeben. Im vorgeheizten Backofen bei 150 °C Heißluft ca. 30 Min. backen. Anschließend den Boden gut auskühlen lassen und einmal quer durchschneiden.

Für die Füllung 150 ml Sahne, Kuvertüre und Butter in einem Topf bei ganz geringer Hitze schmelzen lassen. Davon 4 EL abnehmen, den Rest der Schokolade auf beide Böden streichen und anschließend ca. 1 Stunde kalt stellen. Bananen in Scheiben schneiden und den unteren Boden damit belegen.

700 ml Sahne steif schlagen, davon die Hälfte auf den Bananen verteilen. Biskuitdeckel auflegen. Restliche Sahne darauf verstreichen. Die abgenommenen 4 EL Schokolade streifenförmig auf der Oberfläche verteilen und mit einer Gabel durchziehen.

Nuss-Marzipan-Torte

TEIG:
6 Eier
200 g Zucker
250 g gem. Haselnüsse
2 EL Mehl
1 Msp. Backpulver

Aprikosenmarmelade

FÜLLUNG:
5 Becher Schlagsahne (à 200 ml)

1 Marzipandeckel (300 g)

Eier und Zucker mit dem Mixer ca. 10 Min. schaumig schlagen. Haselnüsse, Mehl und Backpulver nach und nach unterheben. Eine 28-cm-Springform mit Backpapier auslegen, den Teig hineinfüllen und im vorgeheizten Backofen bei 175 °C ca. 50 Min. backen. Boden gut auskühlen lassen, danach quer halbieren. Den unteren Boden mit Aprikosenmarmelade bestreichen.

Sahne steif schlagen, ein paar Löffel davon für die Verzierung abnehmen. Den Rest auf der Aprikosenmarmelade verstreichen. Den zweiten Boden darauflegen. Die Torte vorsichtig mit dem Marzipandeckel abdecken. Mit Sahnetupfern, Nüssen und Schokoladenornamenten verzieren.

Koog Café

Vom Café hat man den schönsten Ausblick in die Weite Dithmarschens.

viert worden und weitgehend offen gestaltet. „Du musst weit kieken können", sagt man hier in dieser Gegend, ein natürliches Bedürfnis der Marschmenschen. Auch die Gäste auf der Terrasse können aus Strandkörben ihre Blicke über die Marschen-Landschaft schweifen lassen – pure Entspannung. Das Café gehört heute optisch zum Hofladen, in dem man sich mit landwirtschaftlichen Produkten und Antiquitäten eindecken kann. Uwe Seeler, Gerhard Delling und andere Prominente kann man hier auf ihrem Weg gen Norden persönlich treffen.

Die Wilkens sind eine gut funktionierende Großfamilie, wie man sie hier oben noch finden kann. Vater Eggert und seine Frau Wiebke sind noch reine Landwirte, die ihre Produkte an der Straße vermarkten, wie man es allenthalben auf dem Lande sieht und was sich beim Publikum größter Beliebtheit erfreut. Durch Sohn Ralf

Ein Gast des Cafés schnitzte dieses Logo in einen Kürbis.

Auf dem Weg über Wesselburen nach St. Peter-Ording kommt man unweigerlich am Café von Berit Wilkens vorbei – kurz vor dem Eidersperrwerk, dem lebenswichtigen Bollwerk für den Wesselburener Koog gegen den Blanken Hans, das sowieso jeder einmal gesehen haben muss. Im Koog Café eingekehrt zu sein, ist ein Erlebnis. Die ehemalige Schmiede, in der noch vor 50 Jahren die Pferde der umliegenden Bauernhöfe beschlagen wurden, ist gründlich reno-

und dessen Ehefrau Henriette, die in Dänemark Modedesign studiert hatte, wurde dann die Idee aufgegriffen, Antiquitäten in eigener Werkstatt zu restaurieren und bei Vaddern mit zu verkaufen. Der Einfluss der beiden ist an jeder Ecke des Hofladens zu erkennen: Schöne Dinge haben hier den Stil geprägt. Dazu gibt es Blumen, verschiedene Brote, Würste, Schinken, Käse und so weiter aus der Herstellung einheimischer Betriebe, alles erste Wahl. Ralfs Frau Henriette ist die Spezialistin für ausgefallene Konfitüren. Man kann ohne Übertreibung sagen: Hier bekommt man alles, was das Herz begehrt.

Berit, seit 2007 frischgebackene Betreiberin des Koog Cafés, ist zwar im Wesselburener Koog aufgewachsen, hat sich aber den Wind um die Nase wehen lassen. Sie war mit 17 zur Bundeswehr gegangen, hatte danach eine Ausbildung als Kinderpflegerin gemacht und schließlich So-

Ausgefallene Mitbringsel kann man sich auf der Empore des Cafés in der Geschenkboutique aussuchen.

zialpädagogik studiert. In ihrem letzten Standort Beckum erreichte sie dann der Anruf von Eggert, die Schmiede sei frei geworden, und die

Frisch vom Feld ist hier auf dem Hof alles zu haben.

Im liebevoll eingerichteten Hofladen von Bruder Ralf Wilkens und seiner Frau Henriette, gleich gegenüber vom Café, gibt es alles, was das Herz begehrt. Täglich frisches Obst und Gemüse, ein Meer von Blumen, Antiquitäten und viele kulinarische Köstlichkeiten.

Die historischen Stallfenster der ehemaligen Alten Schmiede sind erhalten geblieben.

Familienzusammenführung war perfekt, war doch Berits heimlicher Traum immer ein eigenes Café gewesen. Backen war schon immer ihre Leidenschaft, und Oma sowie Mutter Wiebke sind ja auch unerschöpfliche Quellen bewährter und neuer Rezepte.

Kurz und gut, die Schmiede wurde erworben, mit Feuereifer restauriert, neu gestaltet und mit viel Liebe eingerichtet. Vom Fußboden bis zu den alten Originaldachbalken ist der ganze Raum offen und von ländlichem Stil geprägt. Auf der Empore ist eine Geschenkboutique, in der man sehr schönen Schmuck von skandinavischen Designern kaufen kann.

Die junge, hübsche Berit ist hier ganz in ihrem Reich, und wenn an kühlen Tagen der Kaminofen brennt, dann spürt man förmlich die Gemütlichkeit und Atmosphäre dieses Ortes. Wenn mal Not am Mann ist, steht Berit der jüngere Bruder Martin zur Seite und hilft im Café mit. Und die alten Stammkunden kommen nun endlich zu ihrem Recht, denn sie sagten früher nach einem ausgiebigen Besuch des Hofladens immer: „… und jetzt noch gemütlich eine Tasse Kaffee mit Kuchen, das wäre doch was!"

Schokoladen-Nuss-Torte

Johannisbeer-Baiser vom Blech

175 g Margarine
150 g Zucker
1 Pck. Vanillezucker
1 Prise Salz
4 Eigelb
4 EL Milch
250 g Mehl
½ Pck. Backpulver
Fett für das Backblech

wahlweise frische od. TK-Früchte
wie Johannisbeeren, Rhabarber, Stachelbeeren

BAISER:
4 Eiweiß
200 g Zucker

Margarine, Zucker, Vanillezucker und Salz miteinander verrühren. Eigelb und Milch darunterrühren. Nach und nach Mehl und Backpulver zum Teig geben. Anschließend den Teig auf ein gefettetes Backblech streichen. Früchte großzügig auf dem Teig verteilen.

Eiweiß und Zucker zu einem steifen Eischnee schlagen und auf die Früchte geben. Den Kuchen im vorgeheizten Backofen ca. 30 Min. bei 180 °C backen.

Berry-Cheese-Cake

QUARK-ÖL-TEIG:

200 g Weizenmehl
4 gestr. TL Backpulver
100 g Speisequark
1 EL Milch
4 EL Speiseöl
1 Ei
50 g Zucker
1 Pck. Vanillinzucker
1 Prise Salz
Fett für die Form

BELAG:

750 g gem. TK-Beeren

GUSS:

50 g Butter
100 g Zucker
250 g Speisequark
1 Ei
1 Pck. Vanillesoßenpulver
5 EL kalte Milch

Mehl und Backpulver mischen und in eine Rührschüssel sieben. Quark, Milch, Öl, Ei, Zucker, Vanillinzucker und Salz hinzufügen. Mit dem Handrührgerät auf höchster Stufe etwa 1 Min. zu einem Teig verarbeiten. Anschließend auf einer bemehlten Arbeitsfläche zu einer Kugel formen. Den Teig auf den Boden einer gefetteten 28-cm-Springform ausrollen, Springformrand drumherumstellen und den Teig am Rand ca. 2 cm hochziehen. Früchte gleichmäßig auf dem Teig verteilen.

Für den Guss die Butter geschmeidig rühren. Nach und nach Zucker, Quark, Ei, Soßenpulver und Milch unterrühren. Anschließend auf den Früchten verteilen. Im vorgeheizten Backofen bei 180 °C ca. 45 Min. backen. Den Kuchen gut auskühlen lassen, erst danach aus der Form lösen.

Brombeer-Birnen-Konfitüre mit Thymian

600 g Brombeeren
400 g Birnen
1 kg Gelierzucker
Saft von 1 Zitrone
5 Zweige Thymian

Brombeeren vorsichtig verlesen, abbrausen und abtropfen lassen. Birnen schälen, entkernen und in kleine Stücke schneiden. Früchte mit dem Gelierzucker, Zitronensaft und Thymianzweigen vermischen und durchziehen lassen. Unter vorsichtigem Rühren zum Kochen bringen und ca. 3 Minuten sprudelnd kochen lassen. Thymianzweige entfernen. Konfitüre noch heiß in Twist-off-Gläser füllen, auf den Kopf stellen und abkühlen lassen.

Schokoladen-Nuss-Torte

NUSSBODEN:
6 Eiweiß
250 g Zucker
6 Eigelb
250 g gem. Haselnüsse
1 Pck. Backpulver

FÜLLUNG:
600–800 ml Schlagsahne (je nach Geschmack)
200 g Blockschokolade

Für den Nussboden das Eiweiß mit dem Zucker steif schlagen, danach vorsichtig das Eigelb dazugeben. Haselnüsse und Backpulver unterheben. Den Teig in eine 28-cm-Springform füllen und im vorgeheizten Backofen bei 170–180 °C 45 Minuten backen.

Sahne und Schokolade in einem Topf aufkochen. Anschließend über Nacht kalt stellen und am nächsten Tag steif schlagen.

Den abgekühlten Tortenboden zweimal quer durchschneiden, zwei Böden mit der Schokosahne bestreichen und aufeinander setzen. Den obersten Boden zerkrümeln und auf die letzte Schokosahneschicht bröseln.

Koog Kaffee

1 GLAS

2 cl Eierlikör
4 cl Kaffeelikör, erhitzt
100 ml Filterkaffee
geschlagene Sahne
Kakao od. brauner Zucker zum Bestäuben

Den Eierlikör in ein kleines Trinkglas füllen und den Kaffeelikör langsam daraufgießen. Vorsichtig mit dem Filterkaffee auffüllen. Eine Sahnehaube auf den Kaffee setzen und mit Kakao oder braunem Zucker bestäuben.

Oma Ernas Hefezopf

TEIG:

625 g Mehl
250 g Margarine
125 g Zucker
2 Eier
125 ml Milch
300 g Rosinen, eingeweicht
1 Pck. Sukkade
30 g Hefe, in etwas Zucker aufgelöst
Schale und Saft von 1 Zitrone
(unbehandelt)

BELAG:

100 g gehobelte Mandeln
1 Pck. Puderzucker für den
Zuckerguss

Alle Zutaten für den Teig miteinander verrühren. Anschließend den Teig auf ein bemehltes Tuch geben, zusammenbinden und über Nacht in kaltes Wasser legen. Am nächsten Tag den Teig auf ein Kuchenblech geben. Ca. 1 Stunde an einem warmen Ort gehen lassen. Danach die gehobelten Mandeln daraufstreuen. Im vorgeheizten Backofen bei 170 °C Ober- und Unterhitze ca. 30–40 Min. backen. Zopf abkühlen lassen und mit Zuckerguss bepinseln.

Dithmarschen-Torte

TEIG:
125 g Margarine
125 g Zucker
4 Eigelb
150 g Mehl
1 Pck. Vanillezucker
2 TL Backpulver

BAISER:
4 Eiweiß
250 g Zucker

CREME:
250 ml Flüssigkeit, halb Zitronensaft,
halb Wasser
125 g Zucker
1 EL Speisestärke
200–300 ml Schlagsahne
1 EL Zucker

Zutaten für den Teig miteinander verrühren und auf zwei mit Backpapier belegten 26-cm-Spring-formböden verteilen. Nicht ganz bis zum Rand, ca. 2 cm frei lassen.

Eiweiß und Zucker steif schlagen und auf die obigen Böden geben, Rand wieder frei lassen. Beide Böden im vorgeheizten Backofen bei 175 °C ca. 20–25 Min. backen, evtl. etwas länger. Nach der Hälfte der Backzeit die Formen aus-wechseln, von unten nach oben.

Für die Creme Zitronensaft, Wasser, Zucker und Speisestärke unter Rühren aufkochen und erkal-ten lassen. Ab und zu durchrühren. Sahne und Zucker steif schlagen und mit der Zitronencreme verrühren. Anschließend auf einen Boden strei-chen und den zweiten Boden mit der Baiser-schicht nach oben drauflegen.

Kunst-Café

Entlang der Schlei, zwischen Schleswig und der Ostsee, befinden sich Landcafés in besonders großer Zahl und mittendrin, in Fleckeby, Gudrun Teuteberg-Tammlings Kunst-Café. Sie wird die Tortenkönigin vom Rosenberg genannt. Ihr Wohnhaus aus den 70er Jahren gestaltete sie 1985 zu diesem einmaligen Café um, das sich durch ganz besondere Torten, urgemütliche Einrichtung, ausgefallene Kunst- und

Geschenkartikel und ihren berühmten Blumengarten auszeichnet. „Ich war damals die erste in der Gegend mit einem derartigen Landcafé und habe nichts dagegen, wenn man mich als Pionierin bezeichnet. Das trifft auch für meine Torten zu, denn sie sind das Ergebnis langjähriger Entwicklungsarbeit." Die Gäste schwärmen immer wieder von ihrem erlesenen Geschmack, mit dem Gudrun Teuteberg-Tammling alle verzaubert. Die Torten und Kuchen werden auf edlem Kopenhagener Porzellan serviert. Man trinkt aus Tassen des berühmten Herstellers Bing & Groendahl, die aus original englischen Silberkaffeekannen mit Eierkaffee, nach altem schleswig-holsteinischen Rezept, gefüllt werden. Die Eier, die natürlich später herausgefiltert werden, entziehen dem Kaffee die Bitterstoffe und machen ihn somit schmackhafter und bekömmlicher.

Während man dort gemütlich sitzt und genießt, kann man sich in Ruhe umschauen und sich aus den Dekorationen Mitbringsel und Geschenkartikel aussuchen.

Eine weitere Attraktion ist der Garten mit seinem Blumenmeer. Das Terrassenparadies beherbergt unzählige Blumenarten, und viele Rosensorten haben ein eigenes, handgemaltes Namensschild. Der betörende Duft erfüllt die Luft, und viele Besucher kommen allein deswegen von weit her. Zu den meisten Stammgästen hat die Gastgeberin ein freundschaftliches Verhältnis. Und sie weiß schon vorher: Wer sich an die große Tafel setzt, sucht den Kontakt mit anderen Gästen und der Chefin. So bekommt sie das ganze Jahr über Briefe und Karten zu den Festen des Jahres und Urlaubsgrüße.

Highlights eines jeden Jahres sind die Weihnachtsausstellung von Ende Oktober bis Dezember und der berühmte Ostermarkt von März bis April, die liebevoll dekoriert werden mit kostbarem Weihnachts- und Osterschmuck. Hier decken sich die Gäste auch mit selbst hergestellten Delikatessen wie Konfitüren, Gelees und Likören ein, die oft ihren besonderen Geschmack aus den Blüten des Blumengartens haben, so zum Beispiel aus den Rosenblütenblättern, aus Tannennadeln und Holunderblüten.

Wie kann sie dieses alles schaffen? „Freizeit gibt es für mich natürlich nicht, und ich muss auch meine Schwester Dagmar Jürgens erwähnen, die mir seit 15 Jahren tatkräftig zur Seite steht."

Gudrun und Dagmar machten das Kunst-Café mit seinem Blumenparadies zu einer wirklichen Attraktion. Der weiteste Weg lohnt sich, um dem süßen Charme des Kunst-Cafés für immer zu verfallen.

Weit über die Grenzen hinaus bekannt ist die Weihnachtsausstellung im Kunst-Café. Ab Oktober ist alles mit kostbarem Weihnachtsschmuck dekoriert.

Traumtorte

Herbstzauber

FLIEDERBEEREN, QUARK UND BIRNEN

MÜRBETEIG:
300 g Mehl
100 g Zucker
200 g weiche Butter
1 Ei
1 TL Backpulver

BELAG:
2 Dosen Birnen (à 465 g Abtropfgewicht),
in Spalten geschnitten
15 Blatt Gelatine
Birnensaft
etwas Zucker
1 Pck. Vanillezucker
Saft 1 Zitrone
750 g Speisequark
175 g Zucker
Saft und Schale 1 Zitrone (unbehandelt)
350 ml Fliederbeersaft
2 Becher Schlagsahne (à 200 ml), geschlagen
50 g Zucker

Die Zutaten für den Mürbeteig miteinander verkneten, zu einer Kugel formen, in Klarsichtfolie wickeln und ca. 30 Minuten im Kühlschrank ruhen lassen. Anschließend den Teig in eine 28-cm-Springform drücken und den Rand hochziehen. Im vorgeheizten Backofen bei 200 °C ca. 20 Minuten backen. Boden gut auskühlen lassen und mit einem Tortenring umlegen.

Birnen abtropfen lassen und den Saft auffangen. Gelatine nach Packungsanweisung einweichen und in etwas erhitztem Birnensaft auflösen. Anschließend den restlichen Saft, Zucker, Vanillezucker und Zitronensaft dazugeben und gelieren lassen. In drei Teile teilen.

Quark, Zucker, Saft und Zitronenschale schlagen und ⅓ von der Birnen-Gelatine unterrühren. Birnenspalten unterheben und die Quark-Birnen-Masse auf den Mürbeteig geben und erstarren lassen. Fliederbeersaft mit ⅓ Birnen-Gelatine dicklich werden lassen.

Sahne, Zucker vermischen, ⅓ von der Birnen-Gelatine unterrühren, die Hälfte von der dicklichen Fliederbeermasse unterrühren und auf der Birnen-Quark-Masse verteilen. Wenn der Belag fest geworden ist, den Fliederbeerspiegel darauf verstreichen und fest werden lassen. Danach den Tortenring entfernen.

Mohnkuchen Tante Elsa

300 g Fett
375 g Zucker
10 Eigelb
150 g Rosinen
(in 3 EL Rum eingelegt)
abgeriebene Schale von 1 Zitrone
(unbehandelt)
375 g gem. Mohn
150 g geh. Mandeln
10 Eiweiß

GUSS:
250 g Puderzucker
Rum

Fett und Zucker schaumig schlagen. Anschließend das Eigelb unterrühren. Rosinen, Zitronenschale, Mohn und gehackte Mandeln dazugeben. Eiweiß sehr steif schlagen und vorsichtig unter den Teig heben.

Springform oder mehrere Kastenformen mit Alufolie auslegen, Teig hinein füllen und im vorgeheizten Backofen bei 160 °C 60–70 Minuten backen. Kuchen gut auskühlen lassen.

Aus Puderzucker und Rum einen Guss rühren und den Kuchen damit überziehen.

Kuchen in Alufolie einwickeln und mindestens 3 Tage stehen lassen.

Das doppelte Rezept reicht für ein großes Backblech.

Gewürzte Rosenblüten-Konfitüre

750 ml Rosenbowle (siehe Rezept Rosenbowle)
250 g Rosenblütenblätter
1 kg Gelierzucker
5 g gem. Steakpfeffer
7 g Salz
1 gestr. TL Zitronensäure

Rosenblütenblätter mit dem Pürierstab zerkleinern.

Alle Zutaten miteinander vermischen und in einem Topf 2 Minuten aufkochen. Anschließend in Gläser füllen, erhitzt zuschrauben und auf den Deckel stellen.

Pralinétorte

RÜHRTEIG:

450 g Mehl
25 g Backpulver
2 EL Kakaopulver
375 g Butter
375 g Zucker
6 Eier
Fett für die Form

170 ml Cognac

FÜLLUNG:

4 Becher Schlagsahne (à 200 ml), geschlagen
1 Pck. Mousse-au-Chocolat-Cremepulver
250 g weiche Butter
1 Tafel Zartbitterschokolade
versch. Pralinen für die Dekoration

200 g Schokoladen-Fettglasur
Schokoladenplättchen

Teigzutaten zu einem Rührteig verrühren. Anschließend in eine gefettete 28-cm-Springform füllen und im vorgeheizten Backofen bei 170 °C ca. 40–50 Minuten backen. Boden gut auskühlen lassen und zweimal quer durchschneiden.

Für die Füllung Sahne und Mousse-au-Chocolat-Cremepulver tüchtig schlagen. Butter und Zartbitterschokolade schmelzen und vorsichtig unter die Schokocreme geben.

Unteren Boden mit Cognac beträufeln. Teil der Füllung darauf verteilen. Mittleren Boden auflegen, ebenfalls mit Cognac beträufeln und mit Füllung bestreichen. Den obersten Boden mit Cognac beträufeln und mit dem Rest der Füllung bestreichen. Schokoladenglasur im Wasserbad schmelzen lassen und die Torte damit gleichmäßig überziehen. Mit Schololadenplättchen bestreuen, verschiedene Pralinen in die noch weiche Glasur drücken und kühl stellen.

Rosenbowle

225 g ungespritzte Rosenblütenblätter,
stark duftend
125 g Zucker
40 ml Metaxa Cognac
1 l Rotwein

Rosenblätter mit dem Mörser zerkleinern, mit Cognac übergießen und 24 Stunden ziehen lassen. Mit Rotwein aufgießen und zwei Tage stehen lassen, danach durchsieben. Eiskalt mit Sekt oder Selter servieren.

TIPP:
Die durchgesiebten Rosenblätter evtl. für die Rosenblüten-Konfitüre verwenden.

Rosentorte

BISKUIT:
5 Eiweiß
180 g Zucker
5 Eigelb
250 g Mehl
1 Pck. Backpulver
Fett für die Form

FÜLLUNG:
400 g TK-Himbeeren, angetaut
6 Blatt Gelatine
100 g Zucker

DECKE:
450 ml „Rosenbowle" mit pürierten
Rosenblättern
8 Blatt Gelatine
250 ml Rotwein
2 Becher Schlagsahne (à 200 ml), geschlagen

Eiweiß schlagen, Zucker hinzugeben und steif schlagen. Eigelb zugeben. Mehl und Backpulver mischen, sieben und vorsichtig unter den Eischnee heben. Den Teig in eine gefettete 28-cm-Springform füllen und 30–40 Minuten bei 170 °C Umluft backen. Anschließend gut auskühlen lassen und einmal quer durchschneiden.
Den Zucker auf die angetauten Himbeeren streuen.
Gelatine nach Packungsanleitung einweichen und in heißem Wasser auflösen. Eventuell etwas Himbeergelee dazugeben. Gesamtflüssigkeit 300 ml.
Die Flüssigkeit mit den Himbeeren durchrühren und auf den unteren Biskuitboden streichen. Den zweiten Boden darauflegen.
Rosenbowle mit den pürierten Rosenblättern aufkochen. Gelatine einweichen und in der heißen Rosenmasse auflösen. Rotwein dazugeben, abkühlen lassen und etwas Flüssigkeit für den Spiegel aufheben.
Wenn die Masse dicklich wird, die geschlagene Sahne unterheben. Diese dann auf den zweiten Boden geben. Wenn sie fest geworden ist, den Spiegel ganz dünn darauf verstreichen. Anschließend kühl stellen.

Obstliche Ostfriesentorte

BISKUIT:
5 Eier
180 g Zucker
250 g Mehl
1 Pck. Backpulver

FÜLLUNG:
100 g Rosinen
100–150 g Bananenstücke
150 g Apfelstücke
350 g Gelierzucker
Zitronensaft od. etwas Zitronensäure

DECKE:
250 g Rosinen
¼ l Rum
6 Blatt weiße Gelatine
2 Becher Schlagsahne (à 200 ml), geschlagen
Schokoladenplättchen
Orangenkonfitüre

Für den Boden Eier und Zucker schaumig schlagen. Mehl und Backpulver mischen, sieben und unter den Eischaum heben. Den Teig in eine 28-cm-Springform füllen und im vorgeheizten Backofen bei 170 °C ca. 30–40 Minuten backen. Boden gut auskühlen lassen. Einmal quer durchschneiden. Rosinen, Bananen, Äpfel mit Gelierzucker und Zitronensaft zu einer Marmelade kochen, abkühlen lassen, auf den unteren Biskuitboden streichen und den zweiten Boden auflegen.

Rosinen in Rum einlegen und gut durchziehen lassen. Gelatine nach Packungsanweisung einweichen und auflösen. Alles mit der Schlagsahne vermischen und die Masse auf dem oberen Tortenboden verstreichen. Mit Schokoladenplättchen und Orangenkonfitüre verzieren.

Traumtorte

BISKUIT:
7 Eiweiß
180 g Zucker
100 ml Wasser
7 Eigelb
250 g Mehl
25 g Backpulver
50 g Schokolade, gerieben
50 g Haselnüsse, gehackt

UNTERE SCHICHT:
50 ml Marillenlikör
200 g Preiselbeeren
1 Marzipanplatte (ca. 300 g)

FÜLLUNG:
4 Blatt Gelatine
200 ml Fruchtsaft (Orange, Mango)
100 g Zucker
100 ml Marillenlikör
600 ml Schlagsahne, geschlagen
obere Biskuitschicht, zerbröselt
200 g Walnüsse, gehackt

geröstete Haselnussscheiben für die Dekoration

Für den Biskuitboden das Eiweiß steif schlagen, Zucker hinzugeben und weiter schlagen. Anschließend unter Schlagen Wasser und Eigelb hinzutun. Mehl, Backpulver, Schokolade und Haselnüsse unterheben. Im vorgeheizten Backofen bei 170 °C Umluft 40 Minuten backen.

Den ausgekühlten Boden zweimal quer durchschneiden. Die oberste Schicht für die Füllung zerbröseln.

Den unteren Boden mit Likör beträufeln, mit Preiselbeeren bestreichen und mit der Marzipanplatte belegen.

Gelatine einweichen, anschließend in etwas heißem Saft auflösen. Restlichen Saft, Zucker, Marillenlikör und Walnüsse dazugeben und abkühlen lassen. Wenn die Masse anfängt anzudicken, die geschlagene Sahne unterrühren. Die Masse teilen.

In die eine Hälfte der Masse die Biskuitbrösel geben. Dieses teilen. Mit der Hälfte die untere Biskuit-Preiselbeer-Marzipanschicht bestreichen. Darauf die zweite Biskuitschicht legen. Darauf die zweite Hälfte der Füllung streichen. Die Torte mit der zweiten Hälfte der Sahnemasse bestreichen. Die Torte mit gerösteten Haselnussscheiben dekorieren.

Café und Restaurant Prinzeninsel

In gemütlich bäuerlicher Atmosphäre genießt man, mit herrlichem Ausblick in die Natur, die einzigartigen Torten und Kuchen.

der Streichelzoo mit Wasserbüffeln und Heidschnucken, deren Boss Boris ist. Die Ziegen Gizmo, Auguste und Pedro und der angrenzende Spielplatz mit Karussell und Rutsche sind für die Kinder ein zusätzliches Erlebnisangebot.

Im Jahre 2007 übernahmen Tim Kock und Sven Jacobsen die Prinzeninsel und 2009 das Prinzenbad dazu. Das Niedersächsische Bauernhaus wurde aufwendig renoviert und als Restaurant und Café neu eingerichtet. Tim Kock erzählt: „Die Kombination aus landwirtschaftlichem Betrieb und Gastronomie gefällt mir besonders, und ich möchte gar nicht mehr in einen normalen Betrieb zurück." Seine urbanen Erfahrungen kommen

Auf der B 430 und der B 76 gelangt man bekanntlich zum Plöner See in der Holsteinischen Schweiz. Die Prinzeninsel darin ist lang gestreckt und reicht fast bis ans nördliche Ufer. Dort in der Ascheberger Straße beginnt der knapp zwei Kilometer lange Spaziergang zum Café und Restaurant in einem Niedersächsischen Bauernhaus. Die Insel und das Haus sind heute noch im Besitz der Hohenzollern-Familie und waren landwirtschaftliche Ausbildungsstätte der Söhne Kaiser Wilhelms II. Er und Kaiserin Auguste Victoria waren häufiger zu Gast, um sich ein Bild vom Ausbildungsstand ihrer Söhne zu machen, und speisten dann im Blauen Zimmer. Die Prinzeninsel hat aber auch weitere Attraktionen. Auf der Wanderung zum Café und Restaurant durchstreift man die Landschaft der Insel unter hohen Bäumen mit einmaligem Blick auf den Plöner See. Aber auch per Ausflugsdampfer kann man das Bauernhaus im Sommerhalbjahr erreichen. Eine weitere Attraktion ist

GOTT MIT UNS
Wappen der Preußischen Prinzen

ihm hier auch sehr zugute, schließlich ist er ein international erfahrener Koch, in verschiedenen renommierten Betrieben ausgebildet. Sein persönlicher Karrierehöhepunkt war 1990 auf der „Queen Elisabeth", wo er die englische Königin mit Prinzgemahl Phillip bekochte.

Café und Restaurant Prinzeninsel haben ein erstklassiges Angebot von Kaffee und hausgemachten Kuchen sowie eine regional orientierte Mittags- und Abendkarte mit Besonderheiten wie Büffelfleisch. Geschlossene Gesellschaften nutzen das Haus ebenfalls sehr gerne. Wo findet man ein Restaurant in dieser traumhaften Lage und in einem derartig attraktiven Zustand mit so geschmackvoll eingerichteten Räumen und als

Zu jeder Jahreszeit kann man hier bei einem Spaziergang am Ufer der Prinzeninsel die romantischsten Landschaftsstimmungen erleben.

Gleich an der Eingangstür wird man mit diesem Spruch empfangen. Übersetzt lautet er:
Nichts ist besser, nichts dem freien Menschen würdiger als die Landwirtschaft.

probiert haben, und ihre Prinzeninsel-Torte ist eine Sensation. Gekrönt wird ihre Konditorkunst aber durch die Pfirsich-Mango-Kuppeltorte, die bei vielen noch lange optisch wie kulinarisch nachwirkt. Das Bild und der Geschmack dieser Torte bleibt den Gästen der Holsteinischen Schweiz noch lange in Erinnerung.

Höhepunkt dem Kaiserzimmer, wo man so in Geschichte schwelgen kann? Nicht zu vergessen der Pavillon, ein zweites Gebäude, das das Angebot von 80 Plätzen auf insgesamt 240 erweitert. Auch ein Hofladen mit den eigenen Produkten ist in Planung. Tim Kock ist der Chef der Küche, aber für die einzigartigen Kuchen und Torten ist Christel Krohn verantwortlich. Ihren Kirsch- und Quitten-Streuselkuchen muss man

Viel Lob und anerkennende Worte liest man im Gästebuch des Hauses.

Café und Restaurant Prinzeninsel

*Pfirsich-Mango-
Kuppeltorte*

Quitten-Streuselkuchen

TEIG:
500 g Mehl
250 g Zucker
250 ml Sonnenblumenöl
1 Pck. Backpulver
4 Eier
Fett für das Blech

BELAG:
2 kg Quitten
100 g Zucker
150 ml Apfelsaft

STREUSEL:
200 g weiche Butter
200 g Zucker
250 g Mehl
160 g gehackte Mandeln

Alle Teigzutaten miteinander verrühren. Der Teig wird etwas zäh, aber das ist normal.

Quitten schälen, achteln und das Kerngehäuse entfernen. Mit Zucker und Apfelsaft zu Quittenmus kochen und abkühlen lassen. (Lässt sich auch gut vorbereiten und einkochen.)

Die Zutaten für die Streusel miteinander verkneten. Bei Bedarf noch etwas Mehl hinzufügen. Den vorbereiteten Teig auf ein gefettetes Backblech streichen und mit den Händen gut verteilen. Das Quittenmus gleichmäßig darauf verstreichen und die Streusel darübergeben. Den Kuchen ca. 60 Min. im vorgeheizten Backofen bei 170 °C Umluft backen.

Prinzeninsel-Torte

MÜRBETEIG:
250 g Mehl
100 g weiche Butter
75 g Zucker
1 Ei
Fett für die Form

FÜLLUNG:
750 g Quark (20–40 %)
150 ml Sonnenblumenöl
150 g Zucker
60 g Vanillepuddingpulver
3 Eigelb
500 ml Milch

BAISER:
3 Eiweiß
100 g Zucker

Aus den Zutaten einem Mürbeteig herstellen, kneten, zu einer Kugel formen, in Klarsichtfolie wickeln und 30 Min. kalt stellen. Anschließend den Teig auf einer leicht bemehlten Arbeitsfläche ausrollen. Eine 26/28-cm-Springform einfetten, mit dem Teig auslegen und dabei einen 1½ cm hohen Rand hochziehen. Die Zutaten für die Füllung miteinander verrühren. Nach und nach ½ l Milch hinzugeben. Die Masse in die vorbereitete Springform gießen und im vorgeheizten Backofen bei 170 °C Umluft 45 Min. backen.

Das Eiweiß steif schlagen und den Zucker nach und nach einrieseln lassen. Eischnee nach 45 Min. Backzeit auf den Kuchen streichen und nochmals 20 Min. backen. Vor dem Anschnitt muss die Torte gut ausgekühlt sein.

Pfirsich-Mango-Kuppeltorte

BISKUIT:
5 Eier
1 Pck. Vanillinzucker
250 g Zucker
150 g Mehl
½ Pck. Backpulver

CREME:
500 ml Schlagsahne
750 g Schmand
100 g Zucker
1 D. Pfirsiche (465 g Abtropfgewicht)
1 D. Mangos (230 g Abtropfgewicht)
12 Blatt Gelatine

Die Zutaten für den Biskuitboden schaumig rühren. Mehl und Backpulver nach und nach unterheben. Den Teig in eine 26/28-cm-Springform füllen und ca. 30 Min. im vorgeheizten Backofen bei 180 °C Umluft backen. Für die Creme Sahne steif schlagen, den Schmand unterheben und den Zucker hinzufügen. Pfirsiche und Mangos abgießen und den Saft auffangen. Gelatine nach Packungsanweisung in Wasser einweichen, gut ausdrücken und im leicht erwärmten Pfirsichsaft auflösen. Anschließend unter die Sahne-Schmandmasse heben und kalt stellen. Pfirsichhälften in Spalten, Mangos in kleine Stücke schneiden.

Biskuitboden einmal quer durchschneiden und die obere Hälfte mit der Schnittfläche nach unten auf Gitterstanze (Fachhandel) ausstanzen. Die Oberfläche mit Klarsichtfolie abdecken und mit der Folie nach unten in eine Kuppelform (Fachhandel) oder geeignete Schüssel stürzen. Den Rand mit Pfirsichspalten umlegen. Restliche Pfirsichspalten in Stücke schneiden und zu den Mangostücken geben. Wenn die Sahne-Schmandmasse anfängt fest zu werden, einen Teil der Masse auf den vorbereiteten Boden in der Kuppelform füllen und verteilen. Obststücke unter die restliche Masse heben und die Kuppelform damit füllen. Den zweiten Biskuitboden darauflegen und die Torte mindestens sechs Stunden kalt stellen. Torte auf eine Tortenplatte stürzen, Folie abziehen und genießen.

Kirsch-Streuselkuchen

TEIG:
500 g Mehl
250 g Zucker
250 ml Sonnenblumenöl
1 Pck. Backpulver
2 TL Kakao
4 Eier
Fett für das Backblech

3–4 Gläser Sauerkirschen
(à 350 g Abtropfgewicht)

STREUSEL:
200 g weiche Butter
160 g Zucker
250 g Mehl
160 g Kokosflocken

Alle Teigzutaten miteinander verrühren. Der Teig wird etwas zäh, aber das ist normal. Kirschen auf einem Sieb abtropfen lassen.

Die Zutaten für die Streusel miteinander verkneten. Bei Bedarf noch etwas Mehl hinzufügen.

Den vorbereiteten Teig auf ein gefettetes Backblech streichen und die Kirschen gleichmäßig darauf verteilen. Anschließend die Streusel darübergeben. Den Kuchen ca. 60 Min. im vorgeheizten Backofen bei 170 °C Umluft backen.

Café und Restaurant Prinzeninsel

Mandel-Marzipan-Torte

MÜRBETEIG:
250 g Mehl
100 g Zucker
100 g Butter
1 Ei
Reiskörner od. getr. Erbsen zum Blindbacken

Aprikosenmarmelade
400 g gehobelte Mandeln
1000 ml Schlagsahne
50–100 g Zucker
Sahnesteif

BISKUIT:
6 Eier
1 Pck. Vanillinzucker
150–180 g Zucker
180 g Mehl
½ Pck. Backpulver

DECKE:
200 g Marzipanrohmasse

Die Zutaten für den Mürbeteig miteinander verkneten, zu einer Kugel formen, in Klarsichtfolie wickeln und ca. 30 Min. im Kühlschrank ruhen lassen. Anschließend den Teig auf einer leicht bemehlten Arbeitsfläche auf den Durchmesser einer 26/28-cm-Springform ausrollen, in die Form drücken, mit Reis oder Erbsen auffüllen und im vorgeheizten Backofen bei 170 °C Umluft 10–15 Min. blind backen. Für den Biskuitboden 6 Eier mit Vanillinzucker und Zucker schaumig rühren. Nach und nach Mehl und Backpulver unterheben. Die Masse in eine 26/28-cm-Springform geben und ca. 30 Min. im vorgeheizten Backofen bei 180 °C Umluft backen. Den abgekühlten Mürbeteig auf eine Tortenplatte legen und mit Aprikosenmarmelade bestreichen. Mit einem Tortenring umlegen.

Den abgekühlten Biskuitboden zweimal quer durchschneiden und den unteren Boden auf den Mürbeteig setzen.

400 g gehobelte Mandeln in einer Pfanne ohne Fett rösten und die Hälfte der Mandelmenge mahlen.

Schlagsahne mit dem Zucker und Sahnesteif steif schlagen. 600 ml der geschlagenen Sahne entnehmen und die gerösteten, gemahlenen Mandeln unterheben. Die Hälfte dieser Masse auf den vorbereiteten Boden streichen und den Mittelboden des Biskuits auflegen. Den Rest der Mandelsahne darauf verstreichen und den Biskuitdeckel drauflegen. Die Oberseite der Torte dünn mit Sahne bestreichen.

Marzipanrohmasse auf 26/28 cm Durchmesser ausrollen und auf die Torte legen. Jetzt den Tortenring abnehmen, den Rand der Torte mit Sahne bestreichen und mit den gerösteten, gehobelten Mandelblättchen und Sahne garnieren.

Mandel-Makronen

AMARETTI

250 g Mandeln
5 Tropfen Bittermandel
150 g Zucker
50 g Puderzucker
2 Eiweiß
1 EL Puderzucker zum Bestäuben
Fett für das Blech

Mandeln mit kochendem Wasser überbrühen, abziehen und sehr fein mahlen. Mandelmehl, Bittermandel, Zucker und leicht angeschlagenes Eiweiß zu einem festen Teig verkneten. Mit angefeuchteten Handflächen haselnussgroße Kugeln formen, auf ein gefettetes oder mit Backpapier belegtes Backblech setzen. Im vorgeheizten Backofen bei 125 °C ca. 40 Min. backen. Anschließend abkühlen lassen und in einer gut verschließbaren Keksdose aufbewahren.

Galerie Café „Schweizer Haus"

Galerie Café „Schweizer Haus"

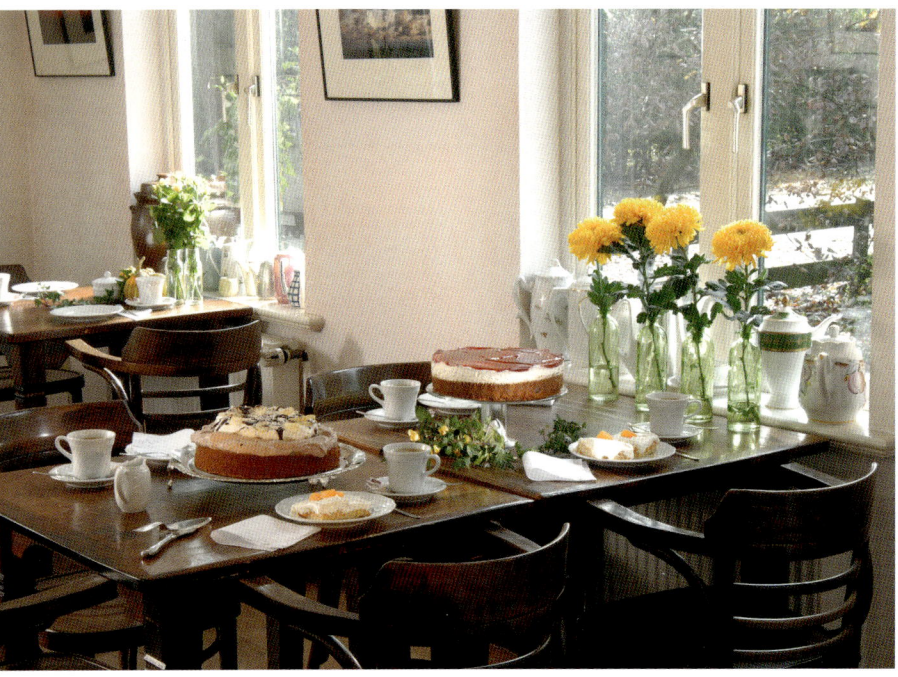

Die reduzierte klare Einrichtung mit den immer wechselnden Gemälden an den Wänden hat eine ganz beruhigende Ausstrahlung.

Fährt man auf der Bundesstraße von Tönning nach St. Peter-Ording, so kommt man durch das idyllische Dorf Tating, bekannt durch den Hochdorfer Garten. Er ist eines der bedeutendsten Gartendenkmäler Nordfrieslands, und darin befindet sich das Galerie Café „Schweizer Haus", ein wahrer Wallfahrtsort für Freunde der Gartenschönheit und des Tortengenusses. Die interessante und bewegende Geschichte des gesamten Anwesens soll hier nur gestreift werden, denn umfangreiches Material liegt im Schweizer Haus aus.

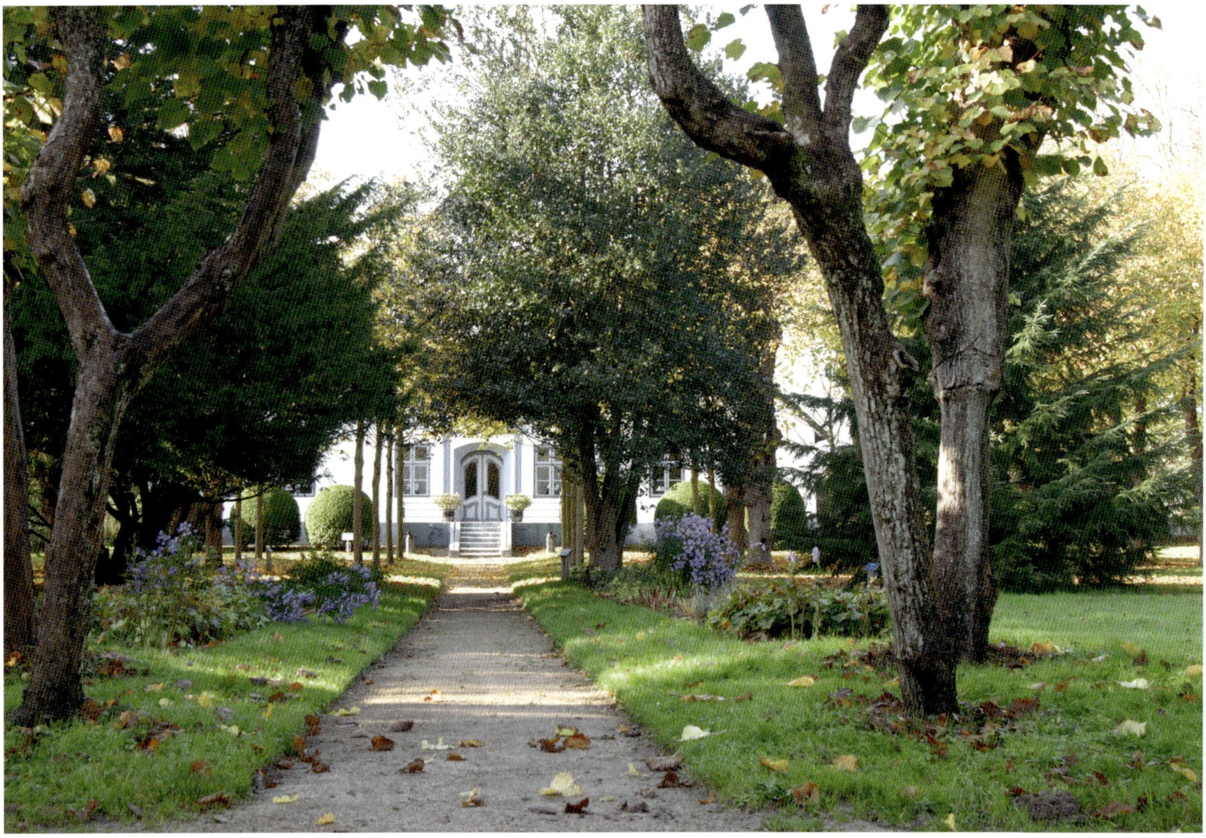

Der Name Hochdorf leitet sich vom Hauptgebäude, dem großen Haubarg ab, der auf einem hohen Landrücken liegt und 1764 von Matthias Lorenzen erbaut wurde. Im 18. bis 19. Jahrhundert wurde dann der Hochdorfer Garten angelegt, und einer damaligen Mode entsprechend leistete man sich ein Sommerhaus, das Schweizer Haus, und errichtete eine Ruine nach einem Gemälde von Caspar David Friedrich. Letzter Besitzer war Jacob

Die Krönung nach dem Genuss von Torten und Kuchen ist ein Spaziergang durch den Hochdorfer Garten mit seinen außergewöhnlichen Bäumen und Pflanzen.

Hier im Café gibt es viele kleine niedliche Ecken wie diesen Durchgang, in dem auch serviert wird.

Richardsen, der das Anwesen zu einer Stiftung machte, da seine Ehe kinderlos geblieben war.

Bis heute wird sie vom jeweiligen Bürgermeister verwaltet. Von ihm pachtete das Ehepaar Britta und Robert Steinbrück vor zwölf Jahren das Schweizer Haus und baute es zu einem Café um.

Robert flog damals noch für die Deutsche Lufthansa durch die Welt und half seiner Frau in seiner Freizeit fachmännisch, denn er stammt aus einem Restaurantbetrieb. Britta arbeitete früher als Arzthelferin, aber Backen war schon immer ihre große Leidenschaft, und so hat sie im Laufe der Jahre wahre Kunstwerke und Köstlichkeiten von Torten entwickelt. Heute arbeitet Robert nach dem Ausscheiden bei der Lufthansa voll im Betrieb mit. Dritter im Bunde ist ein Koch, denn es gibt auch eine Speisekarte für kleine, typisch norddeutsche Gerichte.

Neben dem Genuss im Café (30 Sitzplätze) und im Garten (70 Sitzplätze) kann man den ausgefallenen Barock-Park erwandern, und die Kinder haben reichlich Platz zum Spielen auf eigens dafür errichteten Spielgeräten. Das Café hat im Sommerhalbjahr einen großartigen Zulauf, sodass man sagen möchte: „Hier hat wohl jemand Gold versteckt." Auch für Gesellschaften kann man das Café reservieren, und so werden hier auch öfters Hochzeiten im traumhaften Garten gefeiert.

Mitten im Hochdorfer Garten liegt der original erhaltene, 1764 erbaute Haubarg, der heute der Familie Kempf gehört. Darin befinden sich Ferienwohnungen, die man mieten kann.

Die Räumlichkeiten sind mit viel Liebe fürs Detail eingerichtet.

links: Kaffeetafel mit Schoko-Bananen-Torte und Kirsch-Quark-Sahnetorte.

Zusätzliche Attraktionen sind die halbjährlich wechselnden Gemälde-, Kunst-, Skulptur- und Fotoausstellungen. Das Haus folgt einem sehr gelungenen Konzept und ist nicht zuletzt wegen der außergewöhnlichen Freundlichkeit der Gastgeber Britta und Robert Steinbrück unbedingt einen Besuch wert.

Käsekuchen

Mandarinen-Schmand-Blechkuchen

BODEN:

4 Eier

2 Tassen Zucker

¾ Tasse Sonnenblumenöl

1 Tasse Selterwasser

2 Tassen Mehl

1 Pck. Backpulver

Fett für das Blech

BELAG:

5 D. Mandarinen (à 175 g Abtropfgewicht)

2 Becher Schlagsahne (à 200 ml)

2 Becher Schmand (à 250 ml)

1 Prise Zucker

Eier und Zucker schaumig schlagen. Öl, Selterwasser, Mehl und Backpulver dazugeben und zu einem Teig verrühren. Backblech einfetten, den Teig darauf verteilen und glattstreichen. Im vorgeheizten Backofen bei 180 °C 20 Minuten backen. Boden gut auskühlen lassen. Mandarinen abtropfen lassen und auf dem Boden verteilen. Sahne und Schmand mit Zucker abschmecken und auf dem Kuchen verteilen.

Pflaumenkuchen

RÜHRTEIG:
250 g Butter
250 g Zucker
3 Eier
250 ml Milch
500 g Mehl
1 Pck. Backpulver
Fett für das Blech

BELAG:
etwas Paniermehl
Pflaumen oder Kirschen, entsteint
1 Tasse Gelierzucker

Butter, Zucker, Eier und Milch goldgelb aufschlagen. Mehl und Backpulver darübersieben und nur kurz mit dem Schneebesen untermischen. Teig auf ein gefettetes Backblech streichen. Etwas Paniermehl darüberstreuen. Entsteinte Früchte darauf verteilen und mit Gelierzucker bestreuen (Saft geliert). Im vorgeheizten Backofen bei 180 °C 30 Minuten backen.

TIPP:
Sehr lecker schmeckt dieser Kuchen auch, wenn man ihn noch mit Butterstreusel bestreut.
200 g geschmolzene Butter
200 g Zucker
350 g Mehl
50 g geh. Mandeln

Alle Zutaten mit der Hand zu groben Bröseln verkneten und als Belag auf den Kuchen streuen.

Zitronenkuchen

350 g Margarine
350 g Zucker
6 Eier
1 Pck. abgeriebene Schale von 2 Zitronen
350 g Mehl
1 Pck. Backpulver

GUSS:
200 g Puderzucker
Zitronensaft

Margarine, Zucker, Eier und Zitronenschale miteinander verrühren. Mehl und Backpulver vermischen, sieben und zum Teig geben. Anschließend den Teig auf ein Backblech geben und glattstreichen. Im vorgeheizten Backofen bei 180 °C 25 Minuten backen. Kuchen etwas auskühlen lassen.
Für den Guss Puderzucker mit Zitronensaft glattrühren und auf den Kuchen streichen.

Schoko-Bananen-Torte

TEIG:
4 Eier
200 g Zucker
200 g Mehl
1 Pck. Backpulver
3 EL Kakaopulver
½ Tasse Sonnenblumenöl
½ Tasse Kirschsaft
Fett für die Form

BELAG:
3 Bananen, in Stücke geschnitten
500 ml Schlagsahne
3 EL Schokoladenpulver

GARNITUR:
200 ml Schlagsahne, geschlagen
kleine Birnenstücke
Eierlikör

Teigzutaten miteinander verrühren und in eine gefettete 28-cm-Springform füllen. Im vorgeheizten Backofen bei 180 °C 25 Minuten backen. Boden gut abkühlen lassen.

Bananenstücke auf dem Tortenboden verteilen. Sahne steif schlagen, Schokoladenpulver unterziehen und auf den Bananen verstreichen.

Für die Garnitur kleine Sahnetupfer auf den Rand spritzen, mit Birnenstücken verzieren und die Mitte mit Eierlikör beträufeln.

Eier und Zucker dickcremig schlagen. Öl und Saft dazugeben. Mehl und Backpulver vermischen, sieben und rasch unterrühren. Den Teig in die gefettete Kranzform füllen und im vorgeheizten Backofen, untere Schiene, bei 180 °C Umluft 5–10 Minuten backen. Die Mandarinen darauf verteilen oder unterrühren. Weitere 35–40 Minuten fertigbacken und abkühlen lassen.

Für den Guss Puderzucker, Zitronensaft und Pistazien verrühren und den Kuchen damit überziehen.

Käsekuchen

TEIG:

2 Eier
200 g Zucker
300 g Margarine
200 g Mehl
½ Pck. Backpulver
Fett für die Form

BELAG:

1 Pck. Vanillepuddingpulver
½ Tasse Sonnenblumenöl
1½ Tassen Milch
500 g Speisequark
125 g Zucker
1 Pck. Vanillezucker
2 Eier
1 D. Mandarinen (175 g Abtropfgewicht)

Teigzutaten miteinander verkneten, in Klarsichtfolie wickeln und 1 Stunde in die Kühlung legen. Danach eine gefettete 28-cm Springform mit dem Teig auslegen und den Rand hochziehen. Puddingpulver, Öl und Milch miteinander vermengen. Quark, Zucker, Vanillezucker und Eier darunterrühren. Masse in die Springform füllen. Mandarinen abtropfen lassen und auf die Käsemasse streuen. Im vorgeheizten Backofen bei 180 °C 50–60 Minuten backen. Kuchen gut abkühlen lassen, danach erst aus der Form lösen.

Mandarinenpuffer

TEIG:

1 D. Mandarinen (175 g Abropfgewicht)
ca. 50 ml Orangensaft
4 Eier
250 g Zucker
200 ml Sonnenblumenöl
300 g Mehl
1 Pck. Backpulver
Fett für die Kranzform

GUSS:

200 g Puderzucker
Saft von 1 Zitrone
25 g geh. Pistazien

Mandarinen abtropfen lassen, Saft auffangen und mit Orangensaft auf 200 ml auffüllen.

Kirsch-Quark-Sahne-Torte

TEIG:
200 g Butter
200 g Zucker
4 Eier
400 g Mehl
1 Pck. Backpulver
etwas Milch
2 EL Kakaopulver
Fett für die Form

1 Glas Sauerkirschen (350 g Abtropfgewicht)

FÜLLUNG:
500 ml Schlagsahne
1 Prise Zucker
500 g Speisequark

GUSS:
Kirschsaft
1 Pck. Tortenguss, rot

Butter, Zucker und Eier schaumig rühren. Mehl, Backpulver und Kakaopulver vermischen, sieben und unterrühren. Einen Schuss Milch dazugeben. Kirschen abtropfen lassen, Saft auffangen.

Den Teig in eine gefettete 28-cm-Springform füllen. Kirschen lose einstreuen. Im vorgeheizten Backofen bei 200 °C 40 Minuten backen. Boden gut auskühlen lassen.

Für die Füllung Schlagsahne steif schlagen und mit Zucker abschmecken. Quark darunterrühren. Sahne-Quark-Mischung auf dem Boden verstreichen.

Kirschsaft nach Packungsanweisung mit dem Tortenguss erhitzen und auf der Torte verteilen. Torte kühl stellen.

Café Steinhusen

Café Steinhusen

Das Café Steinhusen liegt am Nordrand der Hansestadt Lübeck an der Straße nach Travemünde gegenüber dem Scandic Crown Hotel. Es ist geprägt vom traditionellen und hanseatischen Denken seines Besitzers Marcus Steinhusen. Während überall modernisiert wird, führt er unbeirrt das Café im Stile eines Wiener Kaffeehauses weiter, und seine Gäste danken es ihm und fühlen sich hier sehr wohl. Im persönlichen Gespräch erzählt er viel von seinem Vater Peter Steinhusen, von dem er das Geschäft übernommen hat und von dem er beruflich viel gelernt hat. Auch der ist Konditormeister und hat, bevor er sich selbständig machte, in führenden Häusern Deutschlands gelernt. Bei Niederegger in Lübeck ging's los, und es folgten Jahre bei Kranzler und Zunst in Berlin. Dann folgte die Meisterschule in München. Als frisch gebackener Meister leitete er eine Backstube in Frankfurt und brachte von da die ausgefallensten und extravagantesten Rezepte mit, als er zurück nach

Café Steinhusen, Pastellkreide aus dem Jahre 1932. Geschenk eines Stammgastes.

Lübeck kam. Im Parterre des Hauses seiner Schwiegereltern richtete er dann seine Filiale ein – mehr aus „Not", denn es war ihm von seinem Schwiegervater als Wohnung angeboten worden und das hielt er für keine so gute Idee. Einige Kollegen haben das damals belächelt mit der Bemerkung: „Was willst du denn außerhalb des Lübecker Burgtors?" Aber die Lage ist gut: Man hat dort das Land- und Arbeitsgericht, eine Schule, einen Friedhof und, was sich als sehr vorteilhaft herausstellte, viele Parkplätze direkt vor der Tür, und er baute sich einen ausgezeichneten Ruf als Lieferant von ausgefallenen Torten, Marzipan und Pralinen auf. Das Café Steinhusen war schon bald eine erste Adresse.

Mit seinem Sohn Marcus war vereinbart, dass er den gleichen Beruf ergreifen und dann einmal das Café übernehmen solle. 1988 ging er also erst einmal im renommierten Café Fiedler in Kiel in die Lehre, und nach der Bundeswehrzeit nahm er als frisch ge-

Im Tresen des Verkaufsraumes wird einem das handwerkliche Können der Konditorei offenbart mit täglich 35 verschiedenen Torten, Marzipanfiguren, Schokoladen und Petit Fours.

backener Reserveoffizier eine Gesellenstelle im berühmten Harrod's in London an, wo er bald zum Chef-Chocolatier aufstieg. Die Gesellenwanderschaft nach alter Tradition ging dann weiter zum weltbekannten Pralinen-Peters nach Lippstadt. Stationen auf Sylt, Hotel Stadt Hamburg, Chefpatessier, in Brüssel, Fünf-Sterne-Hotel Nassauer Hof, Wiesbaden, und die Meisterschule in Köln folgten. Bald erinnerte ihn sein Vater an die gemachte Vereinbarung, und ihn erreichte eine denkbar knappe Anfrage: „Wie sieht's aus?"

Also kehrte Marcus Steinhusen nach Hause zurück und übernahm das Café. „Ich gab Gas und habe mein ganzes internationales Können eingebracht", erzählt er, „aber von meinen jungen

Eine reichhaltige Auswahl von Torten, Kuchen und Kleingebäck kann man hier im Café mit Wiener Charme genießen.

Das spätgotische Burgtor ist das nördliche von ehemals vier Stadttoren und neben dem Holstentor das einzige noch erhaltene.

Mitarbeitern habe ich auch Neues übernommen." So hat man im Café Steinhusen täglich 35 verschiedene Torten im Tresen, als Stamm, und dazu kommen die Kreationen zur Jahreszeit passend, zum Beispiel eine Schmandtorte, die mit saisonalen Früchten gefüllt wird.

Eine besondere Kunst sind die figürlichen, künstlerischen Werke zu ganz besonderen Anlässen. Da bestellt etwa eine Kfz-Werkstadt ein Auto als Torte, oder eine Firma möchte ihr Logo aus Marzipan beziehungsweise aus Schokolade haben. Für all diese Sonderwünsche ist das Café Steinhusen eine erste Adresse, und darauf ist Marcus Steinhusen mit Recht stolz, so auch auf die Besonderheit seines Hauses, das 50 Sorten Tee anbietet, aus ganzen Blättern frisch gebrüht, auf Stövchen serviert. „Es ist ein besonderes Gefühl", sagt er, „das einen erfüllt, wenn man zu Stoßzeiten auf das bis zum letzten Platz gefüllte Café mit Garten und auf die dicht gedrängte Menge im Verkaufsraum blickt und man sich sagen kann, dass man doch vieles richtig gemacht hat."

Kirsch Charlotte

Petit Fours

BÖDEN:

200 g Butter
70 g Zucker
6 Eigelb
110 g Zucker
6 Eiweiß
120 g Mehl
80 g Weizenstärke
1 Prise Salz
1 Pck. Vanillezucker
abgeriebene Schale 1 Zitrone (unbehandelt)
Tonkabohne (Aromatisierungsmittel)

BUTTERCREME:

500 g Butter
200 g Eiweiß
160 g Zucker
½ Vanilleschote

200 g Marzipanrohmasse
70 g Puderzucker

500 g Fondant für den Überzug

flüssige Kuvertüre zum Tauchen

Butter weich und schaumig rühren, evtl. ein bisschen anwärmen. Die kleinere Menge Zucker, Eigelb und Gewürze hinzugeben. Eiweiß mit Zucker steif schlagen und danach die Weizenstärke unterlaufen lassen. Eiweißschnee unter das schaumige Buttergemisch heben und vermengen. Als letztes das gesiebte Mehl vorsichtig unter die Masse heben, bis alles miteinander verbunden ist.

Masse auf ein Backblech streichen, ca. 0,5 cm stark. Im vorgeheizten Backofen bei 190 °C ca. 9 Minuten backen. Roulade (Boden) nach dem Backen sofort vom Backblech ziehen, damit er nicht trocken wird.

Für die Buttercreme die Butter sehr weich und sehr schaumig rühren!!!
Mark der Vanilleschote hinzugeben.
Eiweiß mit Hilfe eines Rührgerätes aufschlagen. Den Zucker mit 80 g Wasser aufsetzen und auf 116 °C einkochen. Anschließend den Zucker unter ständigem Rühren langsam unter den aufgeschlagenen Eischnee geben. Danach weiter schlagen, bis der Baiser wieder Raumtemperatur erlangt hat. Nun kann man ihn unter die schaumige Buttermasse heben, ohne dass diese zu schmelzen beginnt.

Die Creme wird am besten sofort verarbeitet und nach Belieben mit Schokolade, Kaffee oder Likör abgeschmeckt.

Zum Aufbau der Petit Fours teilt man den Boden in drei gleichgroße Teile und setzt diese, mit einer dünnen Schicht Buttercreme bestrichen, aufeinander. Auf die letzte Schicht des Bodens noch einmal Buttercreme auftragen. Marzipanrohmasse mit dem gesiebten Puderzucker verkneten, zur Größe der Biskuitschichten dünn ausrollen und die Oberfläche damit belegen.

Petit Fours kalt stellen und nach dem Auskühlen in Quadrate von 3,5 × 3,5 cm schneiden. Erneut kalt stellen und in der Zwischenzeit den Fondant für den Überzug auf ca. 35 °C erwärmen. Soviel Wasser hinzugeben, dass er ungefähr die Konsistenz von flüssiger Schokolade hat. Nun können die Petit Fours mit Hilfe einer Gabel in den Fondant getaucht und auf einem Gitter abgesetzt werden. Wenn der Fondant angezogen (trocken) ist, werden die Fours mit einem feuchten Messer vom Gitter geschnitten. Anschließend den Fuß der Petit Fours in temperierte Schokolade tauchen und auf Backpapier setzen. Nun kann man sie mit Hilfe einer Spritztüte und verschiedenen Schokoladen nach Herzenslust ausgarnieren.

Lübecker Nuss-Torte

NUSSBODEN:
5 Eier
65 g Zucker
80 g Weizenstärke
80 g Mehl
100 g geriebene und geröstete Haselnüsse
1 Prise Salz
1 Pck. Vanillezucker
abgeriebene Schale 1 Zitrone (unbehandelt)
1 TL Backpulver

MÜRBETEIGBODEN:
50 g Zucker
100 g Butter
150 g Mehl
1 Prise Salz
1 Pck. Vanillezucker
abgeriebene Schale 1 Zitrone (unbehandelt)
Aprikosenkonfitüre

FÜLLUNG:
500 ml Schlagsahne
50 g Zucker
3 Blatt Gelatine
50 g Haselnüsse, gerieben, geröstet
50 g Haselnüsse, gehackt, geröstet
50 g Haselnussnougat
20 g Maraschino

350 g Schlagsahne
1 Prise Zucker
Marzipandeckel (300 g)

Aus den Nussteigzutaten einen Biskuitboden bereiten. Teig in eine 26-cm-Springform füllen und im vorgeheizten Backofen bei 190 °C ca. 40 Minuten backen. Anschließend gut auskühlen lassen.

Für den Mürbeteigboden Zucker, Butter und Gewürze kurz verkneten. Mehl einkneten bis zur Teigkonsistenz. Wichtig: nur sehr kurz kneten! Teig schön dünn ausrollen, rund (26 cm) ausstechen, auf ein mit Backpapier belegtes Backblech legen und im vorgeheizten Backofen bei 190 °C ca. 10 Minuten backen, danach gut auskühlen lassen.

Mürbeteigboden mit Aprikosenkonfitüre bestreichen.

Nussböden zweimal dünn aufschneiden und ei-

nen Boden auf die Konfitüre legen. Einen Tortenring (26 cm) drumherum legen.

Für die Füllung Sahne und Zucker steif schlagen und nach dem Schlagen die Nüsse hinzutun. Gelatine, Maraschino und Nougat erwärmen. Etwas Sahne zur warmen Masse geben und glattrühren. Diese Masse sehr schnell unter den Rest Sahne ziehen. Eine ca. 1 cm dicke Schicht Sahne auf den ersten Boden streichen und wieder einen Boden auflegen, danach noch einmal den Rest Sahne aufstreichen und zum Abschluss erneut

einen Nussboden auflegen. Torte kühl stellen und ca. 1,5 Stunden warten.

Danach die Torte aus dem Ring schneiden und 350 g Sahne mit einer Prise Zucker aufschlagen. Die Torte damit dünn einstreichen und mit einer Schicht ausgerolltem Marzipan eindecken. Wenn die Schicht glatt aufliegt, die Torte durch leichtes Andrücken mit einem langen Messer in Stücke teilen und am Ende eines jeden Stückes eine Rosette aus Sahne spritzen und eine Haselnuss auflegen.

Kirsch Charlotte

MÜRBETEIGBODEN:

50 g Zucker
100 g Butter
150 g Mehl
1 Prise Salz
1 Pck. Vanillezucker
abgeriebene Schale 1 Zitrone (unbehandelt)
Kirschkonfitüre zum Bestreichen

BISKUITBÖDEN:

1 Ei
1 Eigelb
30 g Zucker
30 g Kakao
20 g Mehl
5 g Backpulver
20 g Weizenpuder
1 Prise Salz
1 Pck. Vanillezucker
abgeriebene Schale 1 Zitrone (unbehandelt)

KIRSCHEN:

500 g Kirschen (Glas)
400 ml Kirschsaft
60 g Zucker
Saft und abgeriebene Schale 1 Zitrone
(unbehandelt)
75 g Weizenpuder

CREME:

450 ml Milch
50 ml Schlagsahne
2 Eigelb
35 g Cremepulver
50 g Zucker
1 Pck. Vanillezucker
1 Prise Salz
100 g Schokolade (70 %)
1 Schluck Rum

GARNIERUNG:

300 g Marzipanrohmasse bester Qualität
30 g Kristallzucker
ca. 2 Eier
Aprikosenkonfitüre
Geleekirschen

Für den Mürbeteig Zucker, Butter und Gewürze kurz verkneten. Mehl einkneten bis zur Teigkonsistenz. Wichtig: nur sehr kurz kneten! Teig schön dünn ausrollen und rund (26 cm) ausstechen. Auf einem mit Backpapier belegten Backblech im vorgeheizten Backofen bei 190 °C ca. 10 Minuten backen.

Für die Biskuitböden Ei und Eigelb mit dem Zucker unter Rühren erwärmen, bis sich der Zucker gelöst hat (60 °C). Danach die Masse kalt und schaumig schlagen. Wenn diese einen festen Stand hat, die Masse teilen und unter einen Teil der Masse den Kakao und die Hälfte vom Mehl und Backpulver heben und unter den anderen Teil der Masse die andere Hälfte Mehl, Backpulver und Weizenpuder heben. Danach bei beiden Teilen Teig Salz, Vanille und Zitronenschale unterheben. Beide Massen in zwei getrennte Tortenringe (26 cm) einfüllen und im vorgeheizten Backofen bei 190 °C ca. 20 Minuten backen. Böden auskühlen lassen und teilen.

75 % des Kirschsaftes mit dem Zucker und der abgeriebenen Zitronenschale aufkochen. Den Rest Kirschsaft mit dem Weizenpuder mischen und schnell unter den kochenden Kirschsaft rühren. So lange rühren, bis die Masse erneut aufkocht. Danach die Kirschen und den Zitronensaft unter die Masse rühren.

Man startet mit einem dünnen hellen Boden, den man in einen Tortenring oder eine Charlotte-Form einlegt (ca. 26 cm Durchmesser). Für die

Form ist zu beachten, dass diese mit einem Stück Backpapier oder Folie auszulegen ist.

Die angedickten Kirschen gleichmäßig auf dem Boden verteilen. Nun legt man auf diese einen dünnen dunklen Boden.

Danach wird für die Creme 75 % der Milch mit dem Zucker und der Sahne zum Kochen gebracht. Die restliche Milch wird mit dem Cremepulver und dem Ei vermischt und unter ständigem Rühren unter die kochende Masse gegeben. Wenn die Creme erneut aufgekocht ist, wird sie vom Herd genommen und Schokolade, Mandeln und Rum eingerührt. Diese Masse kommt auf den dunklen Boden, wird verteilt, geradegestrichen und mit einem hellen Boden abgedeckt. Als letztes stürzt man den Mürbeteigboden, mit Kirschkonfitüre bestrichen, auf den hellen Biskuit. Die fertig eingesetzte Torte leicht pressen und danach vorsichtig stürzen.

Die Charlotte muss über Nacht im Kühlschrank stehen und kann dann am nächsten Tag ausgarniert werden.

Dafür Marzipanrohmasse mit dem Zucker zusammenkneten und mit dem Ei glattarbeiten, so dass die Masse mit Hilfe eines Spritzbeutels und einer kleinen Lochtülle dressierbar ist. Die Marzipanmasse darf nicht verlaufen.

Die Charlotte mit der Marzipanmasse spiralförmig bespritzen und die Seiten mit einer Hoch-und-Runter-Bewegung dressieren. Bei 250 °C im Backofen, am besten mit Oberhitze, ca. 9 Minuten goldgelb abflämmen.

Nach dem Backen kann man die noch heiße Charlotte mit heißer Aprikosenkonfitüre bestreichen, damit sie schön glänzt, und mit Geleekirschen belegen.

Himbeer-Joghurt-Torte

BODEN:
1 Ei
1 Eigelb
30 g Zucker
20 g Mehl
5 g Backpulver
20 g Weizenstärke
1 Prise Salz
1 Pck. Vanillezucker
abgeriebene Schale 1 Zitrone (unbehandelt)

JOGHURT-CREME:
2 Eigelb
Saft ½ Zitrone
50 g Zucker

5 Blatt Gelatine
300 g Joghurt
300 g Schlagsahne

BELAG:
600 g Himbeeren, leicht gezuckert
etwas Tortenguss

Ei, Eigelb und Zucker auf einem Wasserbad bis 60 °C erwärmen und danach sofort aufschlagen. Wenn die Eimasse einen guten Stand hat und auf Raumtemperatur abgekühlt ist, Mehl, Backpulver und Weizenpuder vermischen und vorsichtig unterheben, bis die Masse eine gleichmäßige Konsistenz aufweist.

Salz, Vanillezucker und Zitronenschale dazugeben. Teig in eine 26-cm-Springform füllen und im vorgeheizten Backofen bei 190 °C ca. 40 Minuten backen. Boden auskühlen lassen und einmal quer durchschneiden. Um den unteren Boden einen Tortenring legen.

Für die Joghurt-Creme Eigelb, Zitronensaft und Zucker zur Rose abziehen, das heißt der Mix wird unter ständigem Rühren auf eine Temperatur von ca. 86 °C gebracht. Man erkennt das Erreichen der Temperatur dadurch, dass die Masse sämig wird. Auf keinen Fall darf der Eiermix aufkochen!

Gelatine einweichen, gut ausdrücken, in die heiße Masse geben und verrühren.

Sahne schlagen. Joghurt in die Eimasse geben und die geschlagene Sahne als letztes unterheben.

Joghurt-Creme in den Tortenring füllen, glattstreichen und den zweiten Boden auflegen. Torte für mindestens 5 Stunden kalt stellen. Danach die Himbeeren auf der Torte verteilen und dünn mit Tortenguss abglänzen. Nach dem Erkalten der Torte innen am Tortenring einmal mit dem Messer entlangschneiden und den Ring entfernen. Den Rand mit gerösteten Mandelblättchen dekorieren.

Apfelstrudel nach Wiener Art

TEIG:
100 g Mehl
50 ml Wasser
25 ml Pflanzenöl
1 Prise Salz
flüssige Butter zum Bestreichen
1 verquirltes Ei für den Rand

FÜLLUNG:
ca. 150 g süße Brösel (Reste von Biskuit, Butterkuchen usw.)
ca. 8 Äpfel (z.B. Boskop), geschält und in Scheiben geschnitten
Zimtzucker
Saft einer ½ Zitrone
50 g geröstete Mandelstifte
50 g Rosinen
20 ml Rum

flüssige Butter zum Bestreichen
Puderzucker zum Bestreuen

bestreichen. Äpfel mit Zimtzucker bestreuen und mit ein wenig Zitronensaft beträufeln. Rosinen, Rum und Mandeln darüberstreuen.
Strudel zusammendrehen, indem man die obere Kante eindreht und dann mit Hilfe des Handtuches den Strudel aufrollt.
Auch wieder mit Hilfe des Handtuches den Strudel auf ein mit Backpapier belegtes Backblech legen und im vorgeheizten Backofen bei 180 °C ca. 40 Minuten backen.
Danach mit flüssiger Butter bestreichen und Puderzucker darüber sieben.
Möglichst heiß servieren.

Teigzutaten sehr gut ca. 10 Minuten zusammenkneten. Zur Probe den Teig zwischen zwei Fingern ausziehen, wenn er sich so dünn ziehen lässt, dass man die Zeitung durch den Teig lesen kann, ist er gut.
Teig mindestens 3 Stunden ruhen lassen und danach auf einem bemehlten Geschirrhandtuch ausziehen. Den Teig nicht ausrollen, sondern Stück für Stück gleichmäßig daran ziehen, bis er die gewünschte Stärke hat. Je dünner der Teig, umso besser der Strudel.
Den Teig „gut" mit Butter bestreichen. Süße helle Brösel aufstreuen, sie sollen den Saft beim Backen aufnehmen. Äpfel darüberstreuen und die untere Kante des Teigs mit verquirltem Ei

Bei über 30 verschiedenen Sorten handgeschöpfter und veredelter Schokoladen fällt die Auswahl oft schwer.

Bananen-Kokos-Schnitte

200 g Bananen
Saft und abgeriebene Schale
1 Zitrone (unbehandelt)
2 Eier
100 g Zucker
100 g Butter
100 g Mehl
10 g Backpulver
1 Prise Zimt
Mark einer ½ Vanilleschote
60 g Kokosraspel
30 g Rosinen

CANACHE:
250 g Schlagsahne
150 g dunkle Schokolade (70 %)
75 g Vollmilchschokolade

Eier trennen. Eiweiß mit ⅔ des Zuckers aufschlagen. Das Eigelb mit dem restlichen Zucker aufschlagen. Butter schmelzen. Bananen grob mixen, sodass noch Stücke vorhanden sind, und mit dem Saft und der abgeriebenen Schale der Zitrone mischen. Gewürze zur geschmolzenen, aber nicht zu heißen Butter geben. Die aufgeschlagenen Eimassen gut miteinander mischen. Bananen hinzutun und weiter rühren. Mehl und Backpulver vermengen und langsam unter die Bananenmasse heben. Wenn die Konsistenz glatt ist, gibt man langsam die flüssige Butter unter ständigem Rühren darunter.

Teig in eine Kastenform füllen, die zu ¾ voll sein sollte. Im vorgeheizten

Backofen bei 160–170 °C ca. 55 Minuten backen. Während des Backens die Bräune kontrollieren. Kuchen über Nacht auskühlen lassen. Die Form stürzen und die Schnitte mit Canache einstreichen.

Canache = Pralinencreme, besteht aus Sahne und Kuvertüre und kann eine feste bis flüssige Konsistenz haben, je nach Anteil der hinzugeführten Kuvertüre.

Verfahrensweise:
Kuvertüre (Schokolade) in 2 × 2 cm große Stücke hacken. Sahne aufkochen und kochend heiß über die gehackte Schokolade gießen. Etwas warten, die Masse langsam durchrühren, bis die Schokolade aufgelöst ist und eine glatte Konsistenz aufweist.

Dann den Canache kühl stellen, bis er ca. 25 °C hat. Nun vorsichtig und intensiv rühren, ohne ihn schaumig zu schlagen (nicht mit dem Rührgerät). Verarbeiten kann man ihn, wenn er beim Rühren seine Konturen hält. Sollte er mal zu fest werden, kann man ein bisschen Wärme hinzugeben, zum Beispiel in einem Wasserbad. Dafür wird ein Topf mit Wasser zum Kochen gebracht und die Schüssel mit dem Canache auf den Topf gesetzt, sodass die Schüssel nur durch den Wasserdampf erwärmt wird. Nun wird der Canache gleichmäßig gerührt, bis er wieder geschmeidig ist. Vorsicht, die Toleranz sind nur ein paar Grad.

Ist das Gebäck glatt eingestrichen und der Canache angezogen (fest), kann man Vollmilchschokolade in einer Mikrowelle auf mittlerer Leistungsstufe auflösen. Die Schokolade öfters umrühren, da sie leicht bei zuviel Hitze verbrennt.
Die Schokolade auf 42 °C erwärmen und danach ⅓ unaufgelöste Schokolade dazugeben und

ständig rühren, bis eine Temperatur von 32 °C erreicht ist.
Dann kann man das Gebäck überziehen, ohne dass die Schokolade einen grauen Schleier bekommt. Wenn die Schokolade beginnt fest zu werden, die Schnitte mit einem heißen Messer schneiden. Späteres Schneiden hat zur Folge, dass die Schokolade unschön abplatzt. Den Rest Canache noch einmal leicht erwärmen, bis er dressierfähig ist, und damit kleine Rosetten auf jedes Stück spritzen, mit einer getrockneten Bananenscheibe ausgarnieren.

Eine Geschenkidee! Kleiner von Hand modellierter Fliegenpilz aus Marzipan.

Service

ANTIK-CAFÉ „ALTES DOKTORHAUS"

Wolf Schinn
Eutiner Straße 25
23738 Lensahn
Tel.: 04363-901109
www.antik-cafe-lensahn.de
schinn-lensahn@t-online.de
Täglich frisch gebackene Kuchen und Torten
Frühstücksbuffet und Gesellschaften nach
Absprache
Zusätzliches Angebot:
Antikes, Altes, Schönes, Wohnaccessoires,
Silber, Schmuck, handgefertigte Lampen aus
antiken Teilen, Weihnachtsschmuck
Märchenabende im Dezember
Öffnungszeiten: Montag, Dienstag Ruhetag
Mi.–So. von 14.00–18.30 Uhr

LANDCAFÉ BOCKSRÜDE

Familie Siemes
Hof Bocksrüde
24398 Winnemark/Schlei
Tel.: 04644-351
www.bocksruede.de
info@bocksruede.de
Öffnungszeiten: täglich 14.00–19.00 Uhr,
Winter: Mo., Di., Mi. Ruhetag
Für Ihre Feierlichkeiten stehen wir gerne
jederzeit zur Verfügung.
Große Außenterrasse inmitten der Schleiland-
schaft direkt am Radweg.
Selbstgebackene Torten nach Landfrauenart.
Marmeladen und Liköre nach eigenen
Rezepten.
Belegte Brote mit selbstgebackenem Brot.
Exquisite Ferienwohnungen, auf Wunsch mit
Frühstück oder Halbpension.
Reiten auf Anmeldung möglich.

RESTAURANT PIMENT

Wahabi Nouri
Lehmweg 29
20251 Hamburg (Eppendorf)
Tel.: 040-42937788
Fax: 040-42937789
Öffnungszeiten: Mo.–Sa. 19.00–22.30 Uhr

RESTAURANT PIMENT

Lehmweg 29
20251 Hamburg-Eppendorf
Tel.: 040-42937788
Öffnungszeiten:
Mo.–Sa. Küche von 19.00–22.30 Uhr
Französische Küche mit marokkanischem
Akzent, und auf Bestellung für mindestens
4 Personen bereiten wir auch typische
traditionelle marokkanische Gerichte. Dazu
machen wir auch ein- bis zweimal im Jahr 2
bzw. 4 Wochen die marokkanischen Wochen.
Unser Restaurant bietet auch eine Vielfalt an
vegetarischen Gerichten.
Kochkurse ab 2 Personen ab 180 Euro/Person.
Außer-Haus-Catering: kalte sowie warme
Speisen.

KAFFEE KONTOR

Bärbel Firneis
Am Markt 2
25840 Friedrichstadt
Ladengeschäft – Öffnungszeiten:
Mo.–Sa. 10.00–18.00 Uhr
So. 11.00–18.00 Uhr
Kaffeeausschank – Öffnungszeiten:
Fr.–Mo. 13.00–17.00 Uhr
und nach Vereinbarung
Anfragen und Kaffeebestellungen:
Tel.: 04881-936738
info@kaffee-nf.de
internet: www.kaffee-nf.de

KAFFEEHAUS HELDT

Kaffeehaus und Konditorei Heldt
St.-Nikolai-Straße 1
24340 Eckernförde
Tel.: 04351-2731
Fax: 04351-5107
www.cafe-heldt.de
info@cafe-heldt.de
Ferienwohnungen und Appartements im Hause
Öffnungszeiten:
Mo.–Fr. 8.30–18.30 Uhr
Sa. 8.30–18.00 Uhr
So. 9.00–18.00 Uhr
Kein Ruhetag

KANAL-CAFÉ

Der Logenplatz am Nord-Ostsee-Kanal
Café und Restaurant mit 4 Hotelzimmern
direkt am Radwanderweg des Nord-Ostsee-
Kanals mit großer Außenterrasse
Am Kamp-Kanal 1
24783 Osterrönfeld
Tel.: 04331-2017540
Fax: 04331-2017541
www.kanal-cafe.de
kanal-cafe@t-online.de
täglich geöffnet
Mai–September: 9.00–21.00 Uhr
Oktober–April: 9.00–18.00 Uhr
Ausrichtung von Feierlichkeiten
Unsere zusätzlichen Angebote
mit Vorreservierung:
jeden Sonntag Brunch von 10.30–13.00 Uhr
jeden Montag Frühstücksbuffet von 9.00–11.30 Uhr
jeden Freitag Fischtag

KOOG CAFÉ

Café & Hofladen
Berit Wilkens
Dammstr. 20
25764 Wesselburenerkoog
Tel./Fax: 04833-425885
Mobil: 0174-1778025
berit.wilkens@online.de
50 Sitzplätze innen, 100 Sitzplätze außen
Kinderspielplatz/Spielecke innen
Schmuck und Geschenke
Café – Öffnungszeiten:
Mo.–Fr. 12.00–17.30 Uhr
Sa. 10.00–17.30 Uhr, So. 10.00–18.00 Uhr
feiertags geöffnet
In der Nebensaison geänderte Öffnungszeiten
Nov.–Mai dienstags Ruhetag
Hofladen – Öffnungszeiten:
Mo.–So. 10.00–18.00 Uhr, auch feiertags

KUNST-CAFÉ

Gudrun Teuteberg-Tammling
Auf der Höhe 10
24357 Fleckeby
Tel.: 04354-742
Fax: 04354-1338
www.kunst-cafe-fleckeby.de
tammling.fleckeby@t-online.de
Terrassencafé im Rosengarten
Eigene Tortenkreationen
Auserlesene Geschenk- und Gartenartikel
Ausgefallene Konfitüren
Am letzten Wochenende im Februar beginnt
der Ostermarkt
Am letzten Wochenende im Oktober beginnt
der Weihnachtsmarkt
Öffnungszeiten:
täglich 14.30–18.30 Uhr
Do. und Fr. geschlossen
(für Gruppen und Gesellschaften)
Jan. und Febr. nur am Wochenende geöffnet
Oktober geschlossen

 *Service*

CAFÉ UND RESTAURANT PRINZENINSEL

Tim Kock und Sven Jacobsen
Prinzeninsel 1
24306 Plön
Tel.: 04522-508700
Fax: 04522-508777
www.prinzeninsel-ploen.de
mail: prinzeninsel@gmx.de
Öffnungszeiten:
Januar und Februar: für Gesellschaften, Familienfeiern und Veranstaltungen nach Absprache
Im März: Fr., Sa. und So. von 11.00–18.00 Uhr
Ab April: Mo.–So. 11.30–21.00 Uhr, warme Küche
Ab September: Di.–So. 11.00–18.00 Uhr, abends auf Reservierung
Hausgebackene Kuchen, Torten und hausgemachte, traditionelle Gerichte können Sie genießen in kleinem gemütlichen Rahmen im Kaiserzimmer (6–10 Pers.), im blauen Zimmer (bis 12 Pers.), in der Gaststube (bis 30 Pers.), Pavillon (für 80 Pers./beheizbarer Wintergarten) und Biergarten (für 120 Pers.).
Vieles ist möglich, sprechen Sie mit uns.
Unsere Insel lebt.

GALERIE CAFÉ „SCHWEIZER HAUS"

Britta Steinbrück
Düsternbrook 10
25881 Tating
Tel.: 04862-102687
www.schweizer-haus@t-online.de
Öffnungszeiten:
ab Ostern
Di.–So. 12.00–22.00 Uhr
Montag Ruhetag
ab November
Fr., Sa. und So. 14.00–22.00 Uhr

CAFÉ STEINHUSEN

Am Burgfeld 3
23568 Lübeck
Tel.: 0451-35285
www.condi-steinhusen.de
cafe@steinhusen.com
Öffnungszeiten: Mo. bis Fr. 9.00–18.15 Uhr, Sa. und So. 9.30–18.00 Uhr
150 Innenplätze, separater Raum mit 40 Plätzen, Cafégarten im Sommer mit 120 Plätzen
Veranstaltungen aller Art innerhalb der Geschäftszeiten
Reichhaltige Frühstücks- und Mittagskarte
Handgeschöpfte und veredelte Schokoladen aus eigener Herstellung
Lübecker Marzipan und handmodellierte Marzipanfiguren
Saisonale Spezialitäten
Eis und Eistorten aus eigener Herstellung
Spezialtortenanfertigung (Hochzeit-, Geburtstags-, Buch-, Herztorten usw.)
Spielangebot für Kinder
Produktion in der hauseigenen Backstube ohne künstliche Geschmacksstoffe, Konservierungsmittel, chemische Backhilfen oder sogenannte Convenienceprodukte

DIE AUTORIN

Marion Kiesewetter, Schauspielerin und Moderatorin, in Hamburg geboren, wurde als Köchin durch die TV-Sendungen „Bi uns to Hus", N 3, „Sonntagskonzert" und Johannes B. Kerners Kochsendung im ZDF bekannt. Ihre ebenfalls im Boyens Buchverlag erschienenen Kochbücher „Fürstliche Mcnüs – Schleswig-Holstein", „Fürstliche Menüs – Niedersachsen", „Fürstliche Menüs – Mecklenburg-Vorpommern", „Obst aus norddeutschen Gärten", „Auf Krabbenfang" und „Eine Sünde wert ..." entstammen der norddeutschen Region mit ihren erstklassigen kulinarischen Angeboten.

DIE FOTOGRAFEN

Ursula Sonnenberg und ihr Mann Hans Dieter Kellner durchliefen beide eine Ausbildung zu Fotografen, sie mit einer Lehre, er auf der bekannten Münchner Akademie für Fotografie. Seit dreißig Jahren arbeiten sie im gemeinsamen Hamburger Studio an getrennten Aufgaben – sie mit „food" für Werbung und Verlage, er kreativ und technisch für die Industrie. Nach langer Zeit arbeiten sie wieder zusammen für dieses Buch!

Register